融媒体
创新型人才培养系列丛书

U0739952

短视频数据 ✚ 微信公众号数据 ✚ 微博数据 ✚
网络直播数据 ✚ 制作新媒体数据分析报告

新媒体
数据分析

微课版

邬厚民 郭秋叶 ◎主编

宋晓萌 朱婧 胡泳霞 曹凯峰 ◎副主编

人民邮电出版社
北 京

图书在版编目（ＣＩＰ）数据

新媒体数据分析：微课版 / 邬厚民，郭秋叶主编
. — 北京：人民邮电出版社，2024.7
（融媒体创新型人才培养系列丛书）
ISBN 978-7-115-64125-0

Ⅰ．①新… Ⅱ．①邬… ②郭… Ⅲ．①数据处理—应
用—传播媒介—研究 Ⅳ．①G206.2-39

中国国家版本馆CIP数据核字(2024)第066835号

内 容 提 要

本书系统地介绍了新媒体数据分析的关键概念、工具和分析方法，根据主流的新媒体
形式及其工作内容，共编写了7个项目，包括新媒体数据分析概述、新媒体数据分析的工具
与方法、短视频数据分析、微信公众号数据分析、微博数据分析、网络直播数据分析、制
作新媒体数据分析报告。每一项目实训提供具体的任务，帮助读者逐步掌握新媒体数据分
析技能。

本书不仅可以作为职业本科院校、高等职业院校的网络与新媒体、新闻传播、市场营
销、信息管理、数字媒体等专业与数据分析相关课程的教材，还可作为新媒体数据分析从
业者的参考书。

◆ 主　　编　邬厚民　郭秋叶
　　副 主 编　宋晓萌　朱　婧　胡泳霞　曹凯峰
　　责任编辑　白　雨
　　责任印制　王　郁　彭志环

◆ 人民邮电出版社出版发行　　北京市丰台区成寿寺路 11 号
　　邮编　100164　电子邮件　315@ptpress.com.cn
　　网址　https://www.ptpress.com.cn
　　临西县阅读时光印刷有限公司印刷

◆ 开本：700×1000　1/16
　　印张：11.25　　　　　　　　2024 年 7 月第 1 版
　　字数：212 千字　　　　　　2025 年 6 月河北第 3 次印刷

定价：59.80 元

读者服务热线：(010)81055256　印装质量热线：(010)81055316
反盗版热线：(010)81055315

前言
FOREWORD

　　信息时代下，数字化媒体改变了信息传播方式和信息获取方式。新媒体平台如微信、微博、短视频及网络直播平台已经成为人们沟通、娱乐和获取信息的主要途径。与此同时，庞大的数据海洋也在不断涌现，记录着我们的言行。在大数据时代，利用数据驱动运营与决策，深入洞察受众需求，精准传播内容，已经成为新媒体运营者和传媒领域学习者的必备技能。

　　目前主流的新媒体平台大多数都内置了数据分析后台，第三方数据分析平台也十分专业，如果新媒体领域从业者能够对这些数据进行科学合理的统计与分析，将极大提高运营效率、提升传播效果。为此，我们策划并编写了本书，希望能够启发新媒体运营者与使用者的数据分析思维。本书通过项目任务的方式开展实训，帮助读者掌握各大主流新媒体平台的数据分析方法、分析工具的使用，在实践中提升数据分析技能。本书具体项目包括新媒体数据分析概述、新媒体数据分析的工具与方法、短视频数据分析、微信公众号数据分析、微博数据分析、网络直播数据分析及制作新媒体数据分析报告等，每个项目包括项目概述、学习目标、学思融合、知识基础、项目实训、项目小结及拓展实训7个部分。学习目标包括知识目标、技能目标和素质目标3个部分，引导读者确定学习的方向。每个项目实训内容根据新媒体平台的数据情况设置2～4个任务，每个任务包括任务概述、任务目标、任务实施3个部分，任务用案例引导读者进入学习情境，让读者在掌握了理论知识的情况下，通过具体的任务实施，掌握新媒体数据分析的概念、意义、原理、流程、方法、指标、工具等。项目小结系统梳理每个项目的重点内容。拓展实训用于检验读者知识与技能的掌握情况，以及培养读者独立解决问题的能力。

前言
__FOREWORD

另外，本书还配套了丰富的课程资源，读者可以登录人邮学院（www.rymooc.com）搜索本书，或扫描下方二维码进入人邮学院同步学习。

人邮学院

本书由广州科技贸易职业学院邬厚民、郭秋叶担任主编，由广州科技贸易职业学院宋晓萌、朱婧、胡泳霞担任副主编。此外，感谢北京北测数字技术有限公司对本书的大力支持。需要注意的是，本书所使用的数据内容与平台会随着时间的推移及软件版本的更新而发生变化。尽管编者在编写本书过程中力求准确、完善，但由于编者水平有限，书中难免存在疏漏与不足之处，敬请广大读者批评指正。

编 者

2024年5月

目录
CONTENTS

目录
CONTENTS

目录

CONTENTS

目录
CONTENTS

项目一
新媒体数据分析概述

项目概述

　　自20世纪90年代起，我国的网民数量大幅度增长，截至2023年6月，我国网民规模已经达到了10.79亿人。随着新媒体行业的发展，微信、微博、今日头条、抖音、小红书等新媒体平台吸引了大量的用户和创作者，已具有相当大的社会影响力。庞大的网民规模与丰富的应用构成了我国蓬勃发展的新媒体市场，产生了海量的新媒体数据，这些数据是新媒体事业赖以生存和发展的重要基础。在大数据时代，只有用数据驱动新媒体运营的团队，才能从激烈的市场竞争中脱颖而出。因此，数据分析对企业新媒体运营有着重要的作用。各个新媒体运营团队对新媒体的运营已经从过去的粗放式运营过渡到当前注重数据分析的精细化运营阶段。本项目将引领读者一起揭开新媒体数据分析的神秘面纱。

学习目标

知识目标
➢ 了解新媒体数据的类别
➢ 了解新媒体数据分析的概念、类型与意义
➢ 了解新媒体数据分析的基本流程
➢ 了解常见的新媒体平台
技能目标
➢ 掌握新媒体平台数据分析的技能

➤ 能够通过数据分析发现有用的信息，解决具体问题

➤ 能够运用各新媒体平台数据中心呈现新媒体数据

素质目标

➤ 树立职业道德意识和团队合作意识

➤ 提高数据获取和分析的能力

➤ 学习利用数据驱动业务决策、解决业务问题的思维方式和工作方法

学思融合

2023年8月，中国互联网络信息中心（CNNIC）发布第52次《中国互联网络发展状况统计报告》，报告显示，截至2023年6月，我国网民规模达10.79亿人，较2022年12月增长1 109万人，互联网普及率达76.4%，各类互联网应用持续发展。即时通信、网络视频、短视频用户规模分别达10.47亿人、10.44亿人和10.26亿人。以亿计的受众数量，时时刻刻都在形成各种类型的新媒体数据，包括粉丝数据、流量数据、转化数据、下载数据等。如果将所有数据都进行统计与分析，会极大地影响新媒体运营效率，因此，新媒体运营者在进行新媒体数据分析时，应当遵守以下4个原则。

1. 科学性

在数据信息的采集、分析和处理过程中，一个小小的差错都会使分析结果出现偏差，所以新媒体运营者必须以科学、严谨的态度认真对待数据分析各个环节的工作，务必保证数据分析结果的科学性和客观性。

2. 系统性

新媒体数据分析不是一个简单的记录、整理或分析数据的活动，而是一个需要周密策划、精心组织、科学实施的活动，它是一个由一系列工作环节、步骤、活动和成果组成的过程。因此，新媒体数据分析是一项系统性比较强的工作。

3. 针对性

由于统计数据的工具存在差异，并且数据统计分析方法有所不同，所以新媒体运营者在分析数据时，要根据实际情况有针对性地进行分析，根据分析目的选择合适的分析方法与模型，以保证分析结果的准确性和有效性。

4. 实用性

新媒体数据分析是为账号运营服务的，新媒体运营者在保证数据分析专业性和科学性的同时，也不能忽略其现实意义。因此，新媒体运营者在进行数据分析时，还要考虑指标可解释性、报告可读性、结论的指导意义与实用价值等。

知识基础

新媒体是指利用互联网、移动通信等新技术和平台进行信息传播和交流的媒体形式。它与传统媒体相比，具有互动性强、传播速度快、覆盖范围广等特点。新媒体的出现给人们的信息获取和传播方式带来了革命性的变化。

↘ 一、新媒体数据的类别

在新媒体运营的过程中，每个平台都会产生大量的数据，但因为平台不同，数据展示形式也不一样，统计方式和分析方式也会有一定的差别。因此要想快速了解新媒体数据分析方法，就必须要先了解和掌握常见的新媒体数据展现形式和类别，这样才可以有针对性地分析不同的数据。按照数据的呈现形式，新媒体数据可以分为数值型数据、文本型数据和图文型数据。

1. 数值型数据

数值型数据主要由数字组成，可以通过数字进行对应的统计和分析，可以很好地总结并评估运营的结果。常见的数值型数据包括阅读量、粉丝量、网店的销售数据、短视频浏览数据、直播间人数以及各种活动的参与统计数据等。图1-1所示为TikTok直播大屏数据，该数据属于数值型数据。

图1-1 TikTok直播大屏数据（数值型数据）

2. 文本型数据

文本型数据指不能进行计算的文字数据类型，包括中文字符、英文字符、数字字符（非数值型）等字符。图1-2所示为某品牌热门词的文本型数据。文本数据分析能够有效帮助我们理解数据语料，快速检查出语料可能存在的问题，并指导模型训练过程中的超参数选择。

3. 图文型数据

图文型数据由数字、文字和图片组合而成。图文型数据一般是指网站栏目分类、账号粉丝分类、消费者反馈以及各种平台矩阵分布等数据。对于图文型数据，我们了解它并非为了制定考核指标，而是用其找到正确的运营方向。因此，图文型数据也是非常重要的数据类别之一。图1-3所示为微信公众号的图文型数据。

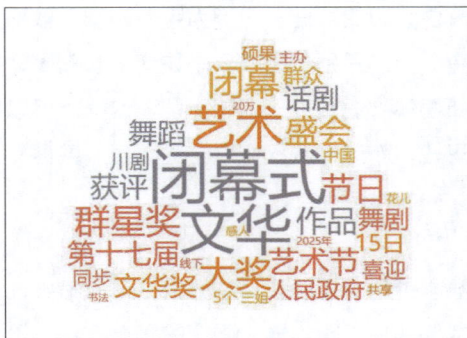

图1-2　文本型数据

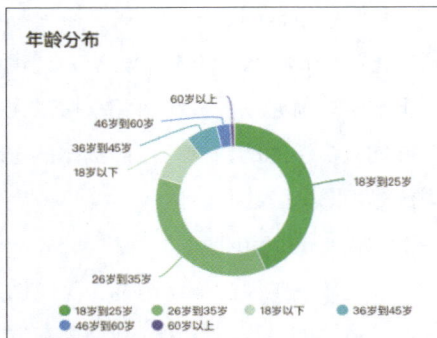

图1-3　图文型数据

✎ **课堂讨论**

谈一谈你所了解的数值型、文本型和图文型数据具体包括哪些。

二、新媒体数据分析的概念与类型

新媒体数据分析是指通过对新媒体平台上产生的大量数据进行收集、整理、分析和挖掘，从中获取有价值的信息，以支持决策和优化策略。新媒体数据分析可以帮助企业、机构和个人了解用户行为、需求和偏好，优化内容创作和传播策略，增强传播效果，提高用户参与度。新媒体数据分析可以分为描述型分析、诊断型分析、预测型分析和指导型分析。

1. 描述型分析

描述型分析是指挖掘历史数据以探索和说明事物的整体情况及事物之间关系的分析方式。描述型分析解决的是"发生了什么"的问题，是将大量杂乱的数据提炼、整理为简洁易懂的形式的方式。图1-4所示为某抖音账号运营者获得的与其账号相关的描述型分析数据，这些数据能够显示其账号的运营情况，运营者可以从中发现异常，但是它并不会显示这些状况发生的原因。

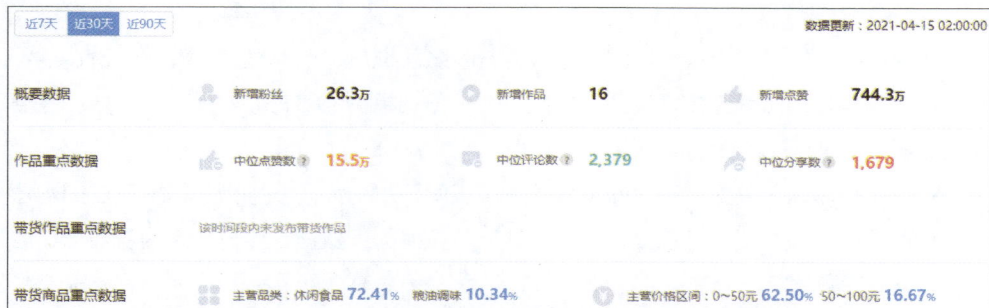

图1-4　描述型分析数据

2. 诊断型分析

诊断型分析解决的是"为什么会发生"的问题，其目的是了解事情发生的原因。例如"为什么本周抖音账号所发布的短视频播放率提高了，完播率却下降了5%？"，新媒体运营者通过分析短视频的播放数据发现，本周发布的短视频的平均播放时长为8秒，也就是说，很多用户在观看了8秒后就会离开，选择观看别的账号发布的短视频。此时，出现这种情况可能是因为短视频的选题不符合用户需求，或者是因为短视频的文案没有吸引力等。

3. 预测型分析

预测型分析用于进行某种预测，解决的是"可能会发生什么"的问题，如预估某场直播的销售额、预测直播电商行业的发展趋势等。在预测型分析中，用到的各种数据与预测结果是存在某种关系的。例如，网络直播用户量的不断增多可能会推动直播电商的发展，因此可以说网络用户规模与直播电商的发展呈相关关系。新媒体运营者就可以将体现网络用户规模的数据与体现直播电商发展的数据放在一起进行分析，以挖掘这些数据背后的联系。

4. 指导型分析

指导型分析是在探索"发生了什么""为什么会发生""可能会发生什么"等问题的基础上，通过一系列的数据分析，帮助新媒体运营者制定较好的营销方案或策略。例如，新媒体运营者在为短视频账号选择带货的商品时，需要在综合分析商品价格、商品与短视频账号定位的契合度、商品在短视频平台上的销量等情况的基础上，选择最适合自己短视频账号带货的商品。

⌄ 三、新媒体数据分析的意义

坚持每天分析新媒体数据，对新媒体运营者而言主要有了解运营状况、把握运营方向、控制运营成本及评估营销方案四大重要意义。

1. 了解运营状况

新媒体运营的日常工作包括网站内容更新、账号推广、粉丝维护、社群运营、线上线下活动策划与组织等工作。这些工作是否有价值、是否能够有效实现营销目标，需要通过数据分析来判断。

对于新媒体运营数据，不同的平台关注点不同，目前大部分平台都需要关注的运营数据包括网站流量数据、微信公众号粉丝数据、微博阅读数据、今日头条内容数据、活动转发与评论数据等。

2. 把握运营方向

现阶段百度、腾讯等大型互联网企业都已经将大量数据开放，网民可以直接登录相关网站查看数据。新媒体运营者可以通过公开的数据分析工具来分析用户的关注焦点，有助于判断新媒体内容、活动、推广是否与网络热点相关。

常见的行业相关数据包括百度指数、新浪微博指数、微信指数、头条指数等。

3. 控制运营成本

新媒体运营过程中，一方面需要关注账号中所推广的商品和服务的销售情况和品牌知名度的提高情况，另一方面也需要时刻关注运营成本。因此，新媒体运营者需要从数据中分析用户的分布城市、阅读偏好、惯用机型等信息，从而对投放情况进行调整与优化，以控制成本。

4. 评估营销方案

新媒体运营者通常会根据经验制定相应的营销方案，营销方案在制定一段时间后，需要通过数据进行评估，以及时发现方案在执行过程中遇到的问题，为下一次制定营销方案提供有效的参考。

评估营销方案常用到的数据包括目标达成率、最终销售额、过程异常数据、失误率等。

↘ 四、新媒体数据分析的基本流程

新媒体行业每天都有大量数据产生，如页面浏览量（Page View，PV）、粉丝数、阅读量、下载量等。如果将所有数据都进行统计与分析，会极大地影响新媒体运营效率，同时大量无意义的数据处理会在无形之中造成资源的浪费。因此，新媒体运营团队必须有目的、有方法地挖掘与分析数据，使数据真正为新媒体运营服务。

新媒体数据分析不是一蹴而就的，需要根据分析目的将整个流程拆分为各个步骤，一般来说可分为以下6个步骤。

1. 需求分析

在正式进行数据分析之前需要进行需求分析，只有明确通过本次数据分析想要解决什么问题、达到怎样的效果，才能为后续数据的采集、处理及分析提供明确、清晰的方向。

例如，商业网站新媒体、新兴自媒体、新闻网站、政务新媒体等设立的初衷各不相同。商业网站新媒体重视营销自我内容生产传播的广度与停留时间；新兴自媒体重视内容被平台选拔推广与变现；新闻网站重视内容生产的公共传播效果；政务新媒体重视数据对新媒体政务功能的体现；淘宝网店重视浏览量与购买量之间的促进度；个人自媒体平台重视内容生产与粉丝成长的互动关系；直播带货类自媒体重视实时信息传播效果与商品销售额提高的直接对应关系。即使是同一新媒体机构或平台，在不同时期对新媒体运营的需求也大不相同，因此，要根据新媒体数据分析的目的，结合需求对相应平台的新媒体数据进行分析与应用，这样才能使数据分析的结果更具有指导性。

2. 数据采集

数据采集是数据分析流程中重要的一步，在这一环节，新媒体运营团队需要围绕需求分析环节得到的需求，有针对性地挖掘数据，为开展数据分析提供素材和依据。新媒体运营者可以通过多种渠道和方法来进行数据的采集工作，如公开数据查询、数据抓取、市场调查等。

公开数据查询是借助公开出版物、公开数据库、互联网搜索引擎等获取数据。常用的出版物有《中国统计年鉴》《世界经济年鉴》等，常用的官方网站有国家统计局官网等。

网络信息时代互联网储存着数量庞大的数据，这些数据分散而庞杂，为有选择地筛选获取数据信息，可使用网络爬虫工具定向抓取网络数据，该方法适用于大量数据的获取，但操作难度较大。

由于分析需求和目的的不同，有些数据分析需要特定用户或对象进行数据采集，这时现成的数据不能满足或不能完全满足数据分析的需求，可以采用市场调查的方法收集所需数据。市场调查就是指运用科学的方法有目的地收集、记录、整理有关市场营销的信息和资料，分析市场情况。进行市场调查首先要确定调查目标、确定调查对象，设计合理、有效的调查方案。面对用户的调查常用问卷调查、实地调研、用户访谈的形式。

数据采集是否完整科学对接下来的数据处理尤为关键，从错误的数据中无法得出科学的结论，对数据采集应抱有谨慎的态度，在已建立好的逻辑框架下进行。

3. 数据处理

数据处理是保证数据分析环节顺利进行的基础。新媒体运营者在数据采集环节得到的数据属于原始数据，通常存在数据体量大、数据形式不统一、含有干扰数据和重复数据等问题，因此在数据分析之前需要将采集来的数据进行相应的加工整理，使其适合进行数据分析。

数据处理包括数据剔除、数据筛选、数据计算等。对于原始数据中一些无意义或与数据分析目的无关的数据，可以剔除。例如，分析公众号文章的阅读情况时，一般需要了解文章的点击量、阅读量、评论量等数据，而用户性别、公众号订阅量等数据可以剔除。还有一些无法从原始数据中直接提取出来的数据，我们可以通过计算获得所需要的数据。例如，原始数据中有公众号浏览量和通过公众号产生的商品成交量，新媒体运营者想要获得通过公众号产生的商品成交率，可以利用公式"成交率=成交量÷浏览量"计算获得。

如果未对数据进行相应的处理，杂乱无章的原始数据会让后续的数据分析环节变得复杂。如果数据本身存在错误，即使采取非常先进的数据分析方法和工具，也无法得到正确的分析结果，更无法为新媒体运营提供任何有效的参考。

4. 数据分析

数据分析是整个数据分析流程中最为核心的一步，在这一步，新媒体运营者需要根据搭建好的分析框架，使用合适的分析工具，选择不同的分析方法，对处理后的数据进行分析，从中获取有价值的信息，并形成具有指导性的结论。

通常，数据分析是借助Excel、SPSS Statistics、Python等分析工具，以及百度指数、飞瓜数据、卡思数据、新榜等第三方数据分析工具来完成的，这就要求新媒体运营者不仅要掌握各类数据分析方法，还要懂得使用主流数据分析工具。

5. 数据呈现

通过数据分析，新媒体运营者能够发现数据之间存在的关系和规律。要想让这些关系和规律一目了然，需要选择合适的方式将其呈现出来。

在新媒体数据分析中，新媒体运营者可以使用表格和图形的形式来展示数据和数据之间的关系，常用的图形有饼状图、条形图、散点图、雷达图等。新媒体运营者还可以对这些图形进行加工，制作出金字塔图、帕累托图、矩阵图、漏斗图等，以便更好地展示数据关系。

6. 报告撰写

撰写数据分析报告是整个新媒体数据分析过程的最后一个步骤。数据分析报告是整个数据分析过程的成果，撰写数据分析报告能让数据分析的过程、结论得到完整的呈现，可以为新媒体运营者提供科学、严谨的运营参考依据，从而降低运营风险。

一份高质量的数据分析报告不仅要有一个合理的框架，还要图文并茂、层次清晰，让阅读者一目了然。此外，数据分析报告除了要有明确的分析结论，还应在科学的数据分析基础上提出建议或解决方案，为新媒体运营者提供有效的参考。

↘ 五、常见的新媒体平台

在国内新媒体发展中，除国家党政相关部门及各级机构类官方媒体主管、主办的新闻网站、政务新媒体平台、互联网公共服务平台以外，以商业机构为主开设的商业门户网站和社交类新媒体平台同样具有较强的吸引力和社会影响力。当前，在商业机构开设的新媒体平台中，最具影响力的有腾讯微信、今日头条、哔哩哔哩、快手、小红书等，其无论是受众数量还是市场占有率，抑或是社会影响力，均为当前国内商业机构的新媒体产品中的翘楚。

腾讯公司于2011年初推出微信。2012年4月，微信国际化，面向欧美推出4.0英文版WeChat，之后支持多种语言。2013年1月15日，微信用户数突破3亿，成为全球下载量和用户量最多的通信软件，影响力遍及全球多个地区，覆盖200多个国家和地区，支持20多种语言。2018年6月，微信活跃用户达到10.58亿人，同期Whats App活跃用户为15亿人，Facebook Messenger活跃用户达13亿人。2021年第一季度，微信及WeChat的合并月活跃用户达12.41亿人；2022年第三季度，微信及WeChat的合并月活跃用户为13.09亿人。

今日头条于2012年3月创建，2012年8月发布第一个版本，它凭借算法推荐从网易、腾讯等传统商业门户网站的资讯战中脱颖而出，3个月注册用户数从0增加到1 000万。今日头条是字节跳动旗下的新媒体产品，除此之外，字节跳动目前的新媒体产品还有面向国内市场的头条号、抖音、抖音火山版、西瓜视频等和面向国际市场的Musical.ly、TikTok等。除角逐国内新媒体市场外，今日头条不断拓展全球新媒体市场：一边不断推出头条产品海外版，包括今日头条海外版TopBuzz、TopBuzz Video，抖音火山版，海外版Hypstar等；一边不断收购其他国家的新媒体应用，2016年10月投资内容聚合类平台Dailyhunt，2016年年底，控股新闻推荐阅读类平台BaBe，2017年2月全资收购短视频应用Flipagram，2017年11月收购全球移动新闻服务运营商News Republic、音乐视频分享和互动社交应用Musical.ly。据QuestMobile公布的Top榜单，截至2022年6月，今日头条App月活跃用户达3.44亿人，是唯一一款进入Top20的新闻资讯类App。

快手是北京快手科技有限公司旗下的产品。快手的前身叫"GIF快手"，诞生于2011年3月，最初是一款用来制作、分享GIF图片的手机应用。2012年11月，快手从纯粹的工具应用转型为短视频社区，成为用户记录和分享生产、生活的平台。随着智能手机、平板电脑的普及和移动流量资费的下降，快手在2015年以后有了较快的发展。根据QuestMobile发布的《2022中国移动互联网年度报告》，2022年，快手月活跃用户达3.9亿人。快手于2023年2月22日召开的"2023·增量效应"磁力大会上披露，截至

2022年第三季度，快手平均日活跃用户突破3.63亿人。

小红书于2013年6月在上海创立。小红书的用户可以通过短视频、图文等形式记录生活点滴，分享生活方式，并基于兴趣形成互动。2015年6月，小红书用户达到1 500万人；2018年10月，用户突破1.5亿人。截至2019年7月，小红书的用户数已超过3亿。2019年11月，小红书宣布推出创作者123计划，推出品牌合作平台、好物推荐平台和互动直播平台，从创作者中心、活动和产品3个方面帮助创作者。2022年12月22日，小红书与中国社会科学院社会学研究所、DT研究院联合发布的"2023年度生活趋势"报告中披露，小红书月活跃用户达到了2亿人。

哔哩哔哩于2009年6月26日创建，被网民们亲切地称为"B站"，是我国年轻世代高度聚集的文化社区和视频网站。哔哩哔哩拥有动画、番剧、国创、音乐、舞蹈、游戏、知识、生活、娱乐、时尚、放映厅等28个内容分区，生活、娱乐、游戏、动画、科技是哔哩哔哩主要的内容品类，除此之外，哔哩哔哩还开设直播、游戏中心、周边等业务板块。哔哩哔哩早期是一个ACG（动画、漫画、游戏）内容创作与分享的视频网站。经过10多年的发展，哔哩哔哩围绕用户、创作者和内容，构建了一个源源不断产生优质内容的生态系统，涵盖7 000多个兴趣圈层的多元文化，曾获得QuestMobile评选的"Z世代偏爱App"和"Z世代偏爱泛娱乐App"两项榜单第一名，并入选"BrandZ"报告2019最具价值中国品牌100强。截至2023年第三季度，哔哩哔哩日均活跃用户突破1亿人，月均活跃用户再创新高至3.41亿人，用户日均使用时长首次超过100分钟。在用户高质量增长的同时，运营效率不断提高，总营收达58.1亿元人民币。

项目实训

↘ 任务一　认知新媒体数据分析业务的基本流程

1. 任务概述

新媒体数据分析不需要新媒体运营者懂得复杂的算法，但是新媒体运营者需要具备运用数据解决问题的思维，掌握数据分析的业务流程。通常来说，新媒体运营者需要明确数据分析的目标，做好数据采集和处理工作，将精力集中在数据的分析上，将分析结果以合适的形式呈现出来，最终形成分析报告，为运营工作提供决策依据，实现新媒体运营工作的优化和迭代。

2. 任务目标

➤ 结合账户运营情况，获取数据，并对数据进行处理分析

➤ 通过数据分析发现有用的信息，提供结论，支持决策，解决具体问题

3. 任务实施

步骤①需求分析

新媒体数据分析是为了帮助新媒体运营团队更科学地制订计划、更精准地评估效果。在开始数据分析之前，需要明确分析的目标和问题。明确目标和问题有助于确定后续的数据采集、处理和分析方法。模糊的数据分析需求"看看最近网上为什么卖货这么少""分析一下近期口碑为什么有点差"等，会引起无目的的数据分析，降低数据分析的有效性。因此，数据分析人员需要在数据分析需求中提炼出需要解决的具体问题，然后找到问题关键点，接着提炼出分析目的。

例如，面对"看看为什么微信公众号最近粉丝情况不好"这一需求，提炼出的待解决的问题是"近期微信公众号粉丝增长缓慢"，然后找到的问题的关键点是"微信公众号推广没有做好"，接下来可以将"寻找近期微信公众号推广的错误环节"设定为数据分析的目的。

再如，面对"分析一下为什么网站有人看但是没有人买产品"这一需求，提炼出的待解决的问题是"网站只有流量没有销量"，然后找到的问题的关键点是"网页转化率太低"，接下来可以将"挖掘网站转化率漏洞"设定为数据分析的目的。

步骤②数据采集

为了使新媒体数据分析更精准、有效，被分析的数据必须通过科学的方法进行采集与整理。通常不同的分析目的会对应不同的数据来源，采集数据首先需要进行来源设计。常见的新媒体数据来源设计如表1-1所示。

表1-1　常见新媒体数据来源设计

分析目的	对应的数据
确定最适合推广的互联网渠道	销售页面日均浏览量、不同渠道流量、渠道转化率等
寻找网页转化率漏洞	用户浏览时间，网页跳出率、跳出位置等
敲定最适合网上销售的产品	产品页面浏览量、产品销量、产品评价数据等
找到微信公众号推广失误环节	粉丝来源数据、粉丝取消关注数据、推广渠道增加粉丝数据等

数据来源设计完成后，数据分析人员需要进行新媒体数据的采集，可以从3个方面入手，按照优先级顺序包括后台数据获取、第三方数据获取及手动统计获取。

首先是后台数据获取。如果需要分析的数据已经在新媒体平台后台，则无须花费时间进行统计与挖掘，直接在后台复制或下载数据即可。目前可直接获取的数据包括微信公众号用户数据、微博阅读数据（见图1-5）、天猫店铺销售数据、今日头条推荐数据等。

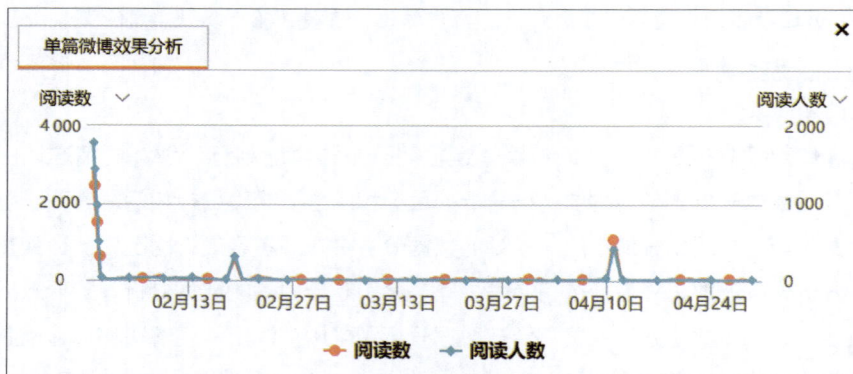

图1-5　微博阅读数据

其次是第三方数据获取。在平台的后台无法对某项数据进行统计时，可以借助相关工具，在授权后利用第三方工具进行数据挖掘与获取，随后直接下载借助第三方工具得到的数据。目前可获取的第三方数据包括网站点击数据、网站跳出数据、访问来源数据（见图1-6）、用户属性数据、微信评论采集数据等。

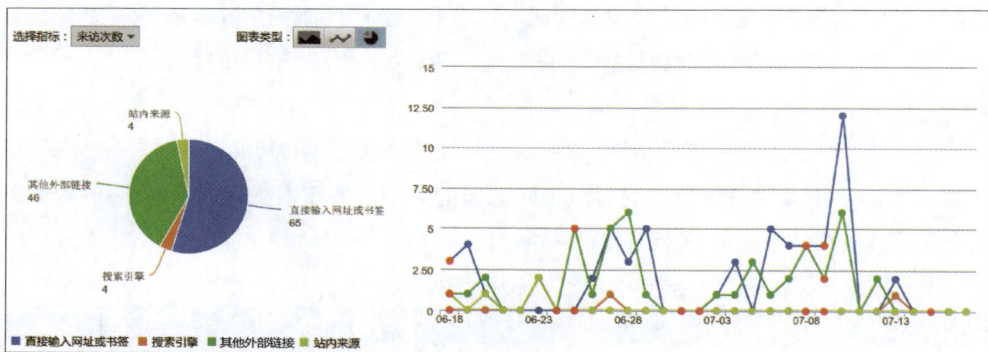

图1-6　访问来源数据

最后是手动统计获取。如果需要分析的数据无法利用平台后台或第三方工具获取，则需要数据分析人员手动统计，便于后续分析。一般需要手动获取的数据包括百度口碑、多平台阅读总量数据等。

步骤 3　数据处理

在完成有效的数据采集后，新媒体数据分析人员需要对数据进行加工处理，便于后续分析。常见的数据处理主要包括数据合并、数据修正、公式计算。

（1）数据合并

由于数据来源不同，通过新媒体自带的数据后台、网站后台等渠道挖掘的数据在导出为Excel文件后会出现不同的表头，因此在进行数据处理时需要将数据合并。图1-7所示为某新媒体团队为分析不同自媒体平台的销量的区别统计的微博、微信公众号两大主要平台的销售情况，可以将相同的栏目合并统计。

微博销量统计表			
日期	文章阅读量	产品点击量	产品下单量
2023-07-16	13 221	1 351	132
2023-07-15	9 872	998	102
2023-07-14	10 331	1 121	98
2023-07-13	67 890	5 087	522
2023-07-12	123 112	13 451	901
2023-07-11	5 089	463	30
2023-07-10	8 605	788	89

微信公众号销量统计表			
日期	文章点赞数	产品下单数	产品浏览量
2023-07-16	232	18	257
2023-07-15	139	8	143
2023-07-14	168	25	182
2023-07-13	210	15	199
2023-07-12	203	27	221
2023-07-11	187	21	192
2023-07-10	199	30	231

图1-7　销售情况

（2）数据修正

无论是网站后台下载的数据还是人工统计的数据，都可能会出现失误。因此，需要对采集的数据进行观察与比对，随后进行数据修正。例如，某企业新媒体运营团队对近期平台后台粉丝数据进行了统计，如表1-2所示。

表1-2　某企业平台后台粉丝数据

日期	粉丝数
2023年7月1日	6 000
2023年7月2日	6 040
2023年7月3日	6 045
2023年7月4日	9 536
2023年7月5日	6 058
2023年7月6日	6 094
2023年7月7日	6 113
2023年7月8日	6 145
2023年7月9日	6 182
2023年7月10日	6 321

表1-2中2023年7月前10日的粉丝数大多在6 000左右，而7月4日粉丝数突然增加到9 536。此时运营者需要进行排查。进入平台后台翻看7月4日、7月5日粉丝数据，看是否由操作失误导致当日数据导出出错。如果平台后台数据无误，则需要检查当日的运营情况，了解是否通过推广、广告投放等形式新增不精准粉丝，即那些关注后马上取消关注的粉丝。

此外，若出现部分数据缺失或遗漏现象，则需要重新进入后台进行数据下载或统计，如果无法获取此数据，则需要将此数据删除，防止影响其他数据。

（3）公式计算

原始的数据通常只具有单一属性，如用户年龄、访问时间、阅读量、销售额、订单数量、转发量、推荐数等，从这类相互独立的数据中通常很难直接看出规律，因此需要借助公式，将单一属性数据进行二次或多次计算。借助公式后数据分析难度会大大下降。

Excel函数数量众多，新媒体数据分析常用的5个数据公式包括数据求和、计算平均数、计算比例、计算稳定性和条件计算，如表1-3所示。

表1-3　新媒体数据分析常用的5个数据公式

公式作用	函数
数据求和	=SUM(A12:A34)
计算平均数	=AVERAGE(A12:A34)
计算比例	= A12/A34
计算稳定性	=STDEV(A12:A34)
条件计算	=COUNTIF(A12:A34,"购买")

数据求和常用在销售数据的处理中。通过网站或网店导出的销售数据（如下单时间、访问时间、下单金额等），一般会精确到天或秒。在进行数据分析时，需要将当月或当日数据求和，以得到整体的销售数据，从而便于进行销售情况分析。

计算平均数常用在内容数据的处理中，尤其是进行内容平台质量测试时，需要定期统计平均数。

计算比例是新媒体数据分析时对效果评判的客观方法，常用到的比例包括转化率、打赏率、点赞率、支付比例、跳出率等。以转化率为例，单纯根据访问量和购买量难以评判页面图文设计等内容的好坏程度，而用购买量除以访问量，则可以直接分析出现有访客的购买情况，从而对页面的图片设计、文案设计起到指导作用。

计算稳定性用到的公式是标准差公式，计算结果的值越小，说明该项数据的波动越小。

稳定性的计算通常用在新平台的测试分析中。传统的"淘宝开店、网站宣传"模式，在移动互联网时代下有了新的变化，越来越多的新平台开始涌现，新媒体运营者在网上有了更多选择的余地。新媒体运营者在正式入驻平台前，通常需要对多个平台的数据进行比对，计算数据稳定性，最终选择数据最优的平台入驻。

条件计算常用在行为评估中，如留言数量、购买数量等。因此，在公式"COUNTIF(A12:A34,"购买")"中，"购买"可以替换成"访问""留言"等数据，在大量数据中，找到并统计真正做出响应的人数或次数。

步骤 4 数据分析

新媒体数据在经过加工与处理后，具有了可分析性，可以尝试进行分析并掌握数据背后的运营情况。常见的数据分析方法包括对比分析法、分组分析法、结构分析法、平均分析法和回归分析法。

以对比分析法为例，A公司是一家餐饮企业，其新媒体运营团队进行了同行当月百度知道口碑调研并整理了调研结果，如表1-4所示。通过对比可以发现，A公司在"口味""服务"方面的口碑优于同行，而"价格"方面的口碑不及同行。根据此数据可以初步判定，A公司接下来的新媒体口碑工作可以重点进行关于"价格"的品牌活动及口碑推广。

表1-4 A公司与同行百度知道口碑调研结果

公司	项目		
	口味好评数	价格好评数	服务好评数
A 公司	855	89	784
B 公司	508	985	332
C 公司	431	416	316
D 公司	122	351	445
E 公司	544	377	501

分组分析法是通过一定的指标，将对象统计分组并计算和分析，以便深入了解所要分析的对象的不同特征、性质及相互关系的方法。例如，新媒体运营团队可以采用分组分析法统计粉丝中各年龄段的组成占比，分组分析法如图1-8所示。

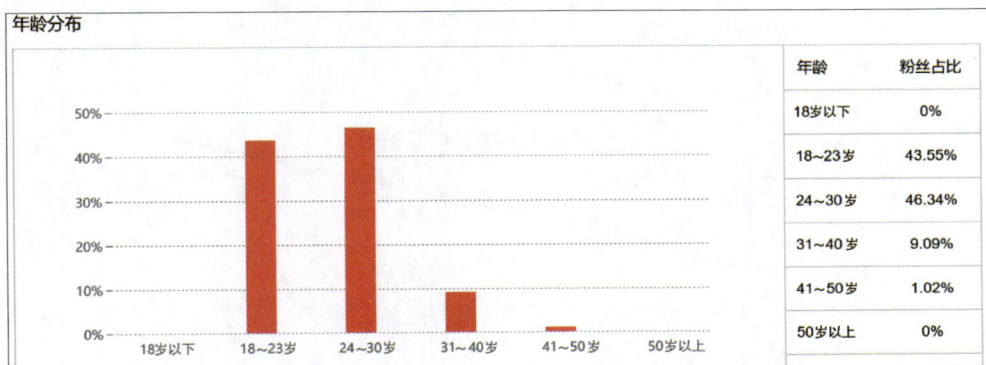

年龄	粉丝占比
18岁以下	0%
18~23岁	43.55%
24~30岁	46.34%
31~40岁	9.09%
41~50岁	1.02%
50岁以上	0%

图1-8 分组分析法

结构分析法是在统计分组的基础上，将组内数据与总体数据进行对比的分析方法。结构分析法用于分析各组成部分占总体的比例。例如，新媒体运营团队可以统计出各个舆情信息新闻类媒体活跃度，从而了解舆情传播的主要渠道，结构分析法如图1-9所示。

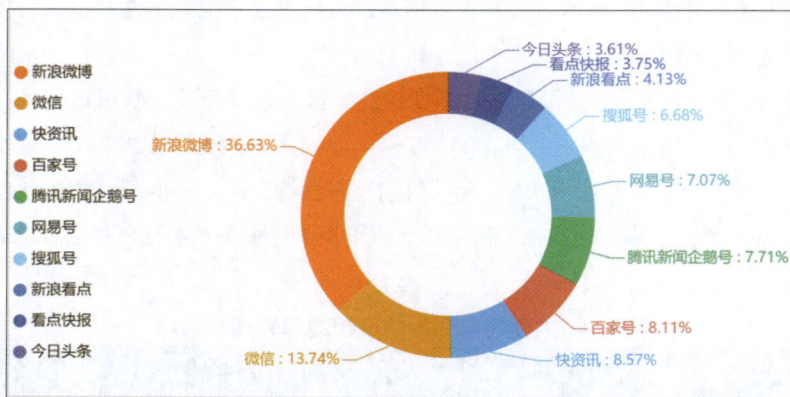

图1-9　结构分析法

平均分析法就是用平均数来衡量总体在一定时间和地点条件下某一数据的一般水平。平均数据比总量指标更具说服力，更能帮助运营者预测发展趋势和规律。例如，在分析今日头条的文章阅读量时，借助Excel导出的数据可以快速找到阅读量大于平均值的文章，接下来可以继续挖掘这些文章的标题、排版、配图等规律，便于后续内容质量的提升。

回归分析法通过研究事物发展变化的因果关系来预测事物发展走势，它是研究变量间相互关系的一种定量预测方法，又称回归模型预测法或因果法。例如，将今日头条粉丝数据导出到Excel表格，对累计粉丝数进行一元线性回归分析，就可以尝试预测某个时间的粉丝量，回归分析法如图1-10所示。

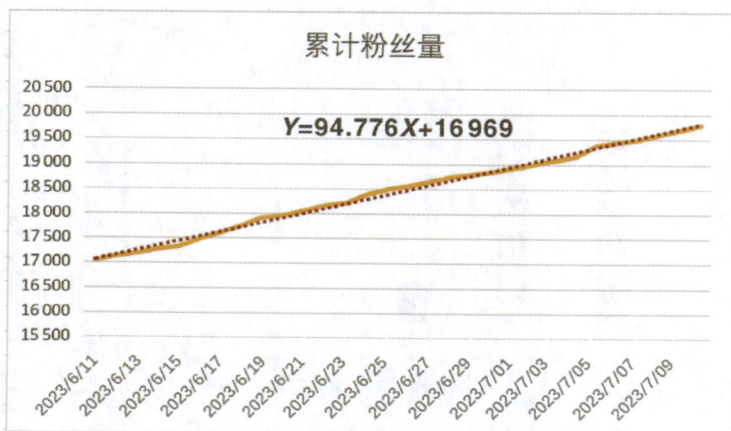

$$Y=94.776X+16969$$

图1-10　回归分析法

利用线性回归分析，新媒体运营者可以拟合出粉丝增长曲线，并给出拟合公式，图1-10中所示的拟合公式为$Y=94.776X+16\ 969$（其中Y为累计粉丝数，X为时间）。通过拟合曲线，新媒体运营者可以快速预测出某个时间的粉丝数或达到某一粉丝数需要多少天等。例如，新媒体运营者想达到30 000粉丝，带入公式计算X可知，从6月11日开始大约需要运营138天。

步骤 ⑤ 数据呈现

新媒体数据的呈现并不是简单的图文排列，而是在讲究视觉传达效果的基础上清楚、准确地传达数据信息。在呈现数据分析的结果时，图表所传递的信息往往比文字更加直观，现在常见的"一图读懂××"就是用图表来传递信息。

数据呈现的形式大致可以分为表格和图形两大类。表格既是一种可视化交流模式，又是一种组织整理数据的手段，有利于展现数据的全面性，表格数据如图1-11所示。

"爆款"商品	带货量				迷你图
	五月	六月	七月	八月	
Baledge伯力爵脆吐司	20458	175845	58962	458745	
KISSCAT拼接飞织袜套弹力短靴	15421	14578	25896	12358	
GUKOO果壳樱桃小丸子联名亲子套装	33524	17542	13854	51478	
Hyundai现代旋钮定时三明治机	5478	2541	3210	1875	
自然堂富勒烯小灯泡面膜	14201	15784	13220	25789	
花西子持妆粉底液	54126	35487	45712	65432	

图1-11　表格数据

虽然表格有利于展现数据的全面性，但是如果将所有信息都堆砌在表格中，就会使表格显得非常拥挤，反而不利于数据的展现。此时，新媒体运营者可以运用柱形图（见图1-12）、条形图、折线图（见图1-13）、雷达图等图形来展示数据结果。

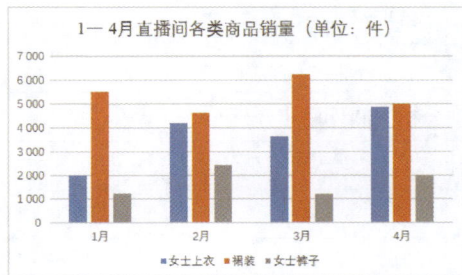

图1-12　柱形图

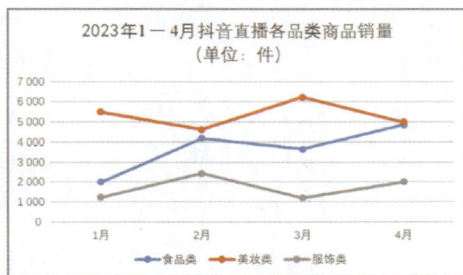

图1-13　折线图

步骤 ⑥ 报告撰写

新媒体运营者对数据进行分析后可以获得较完整的数据结果，但是用单纯的数据或图表展现数据结果，也许只有新媒体运营者自己能够理解它们所代表的意义和存在的问题，很难对新媒体工作有指导意义。因此，在完成数据分析和数据可视化处理之后，新媒体运营者需要将数据分析结果制作成数据分析报告，使其更利于交流和保存。

↘ 任务二　认知常见的新媒体平台数据分析后台

1. 任务概述

目前国内新媒体平台有很多。常见的新媒体平台有微信公众号、微博、今日头条、抖音、大鱼号、百家号、一点号、企鹅号、搜狐号、网易号等。当前，较为火热的新媒体平台均具有数据分析的功能，这些功能既可以为生产者提供指向参考，同时也对平台的运营有着重要意义。

2. 任务目标

➢ 对比分析常见新媒体平台数据后台的统计功能有何差异

➢ 描述微信公众号、微博、今日头条等新媒体平台的数据后台的特点

3. 任务实施

步骤 ① 常见新媒体平台数据中心功能统计

常见的新媒体平台数据分析功能如表1-5所示。

表1-5　常见的新媒体平台数据分析功能

平台	自带统计功能
微信公众号	用户分析、图文分析、菜单分析、消息分析、接口分析、网页分析
微博	粉丝分析、内容分析、互动分析、相关账号分析、文章分析、视频分析
今日头条	文章分析、头条号指数、粉丝分析、热词分析
抖音	电商数据、粉丝分析、视频分析
大鱼号	文章分析、视频分析、用户分析、大鱼星级
百家号	文章分析、百家号指数、粉丝分析
一点号	文章分析、一点号指数、订阅用户分析、阅读用户分析
企鹅号	内容统计、视频统计、订阅数统计
搜狐号	总体数据、单篇数据
网易号	订阅数据、内容数据、网易号指数

步骤 ② 查看微信公众号后台数据

微信公众号是用户在微信公众平台上申请的应用账号，发布形式包括文字、语音、图片、视频，是商家通过微信进行互动营销及自媒体人与用户群体进行互动的平

台。微信公众号有自己的数据分析后台，新媒体运营者在首页可查看"昨日阅读次数、昨日分享次数、昨日新增关注人数"的数据，单击左侧"数据"栏，可查看"内容分析""用户分析""菜单分析""消息分析""接口分析""网页分析"，微信公众号数据分析后台如图1-14所示。其中，"内容分析"有已发表内容分析、多媒体内容分析；"用户分析"包括用户增长、用户属性、常读用户分析；"菜单分析"包括菜单点击次数、人数、人均点击次数等；"消息分析"有消息发送人数、次数、消息关键词等指标；"接口分析"主要是消息数据的接口；"网页分析"主要是页面访问量的数据分析。各项数据指标可分时间段进行统计，新媒体运营者可以直观地了解当天的运营情况，对于公众号的运营有极强的指导意义。例如，通过变换内容风格并分析阅读数据，新媒体运营者可以得到粉丝的阅读喜好情况；通过分析后台粉丝数量的增减，新媒体运营者可以分析出推广的有效性。

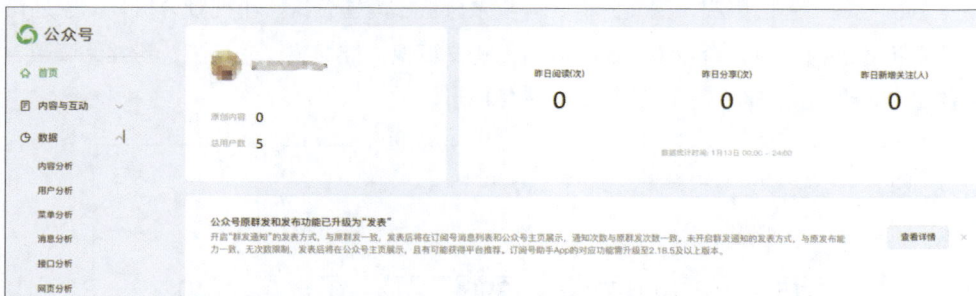

图1-14　微信公众号数据分析后台

步骤 ③ 查看新浪微博后台数据

微博是一个用户可以公开发布实时内容的新媒体平台，入门简便，发布形式非常多样，包括文字、图片、视频，其发送量也没有限制，是一个全民皆可参与发布和分享内容的平台。无论是个人还是企业都可以在微博后台查看详细的微博运营数据。新媒体运营者可以在网页端登录微博后，单击"管理中心"并进入"数据助手"查看微博数据。在"数据概览"选项卡中可以看到昨日关键指标，包括净增粉丝数、阅读数、转评赞数、发博数等，且显示较前日、较上周、较上月的变化情况，微博数据分析后台如图1-15所示。此外，还有粉丝分析、博文分析、互动分析等内容。部分数据的获取需付费，如相关账号分析。

步骤 ④ 查看今日头条后台数据

今日头条是一款基于数据挖掘的推荐引擎产品。它根据每个用户的社交行为、阅读行为、地理位置、职业、年龄等信息，挖掘出每个用户的兴趣点，再进行个性化推荐。推荐内容包括新闻、音乐、电影、游戏等。

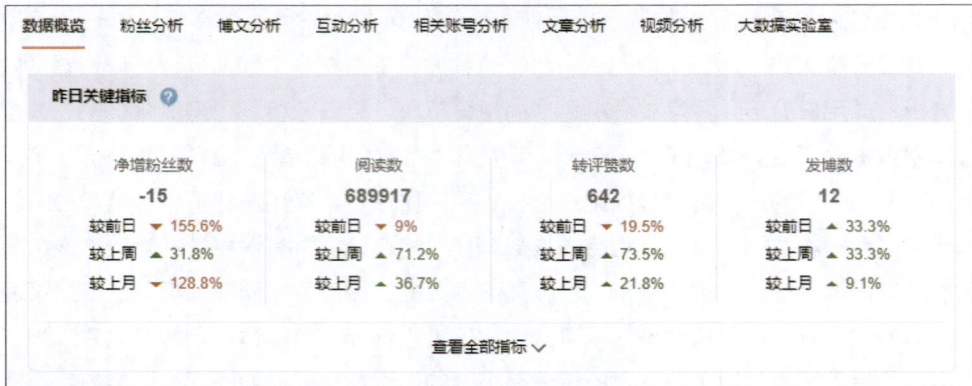

图1-15　微博数据分析后台

今日头条的发布形式主要包括图文、微头条、问答及小视频。发布后台也有专门的数据分析板块，包括概况、图文分析、微头条分析、问答分析、小视频分析，商家还可以选择不同的时间段，查看该特定时间段内的文章量、推荐量、阅读量、粉丝阅读量、评论量等，今日头条数据分析后台如图1-16所示。

图1-16　今日头条数据分析后台

步 骤 5 抖音数据分析

抖音是一个面向全年龄的短视频社交平台，用户可以通过这款软件发布自己的作品。创作者创作视频投入平台，用户可以通过点赞、评论和转发的方式与创作者产生交互，创作者再通过回复用户的评论与用户产生深层次的交流。

进入抖音App后，点击"我"，点击右上角图标后可以看到创作者服务中心，在创作者服务中心可以看到数据中心。在抖音的数据中心中，创作者可以直接看到电商数据、粉丝净增量、新增视频播放量、新增点赞量、主页访问人数和完播率等数据。根据这些数据参数，创作者可以更好地了解用户的视频偏好，为视频内容制定指明方向，通过控制视频的时长来满足用户的需求。图1-17所示为抖音数据中心。

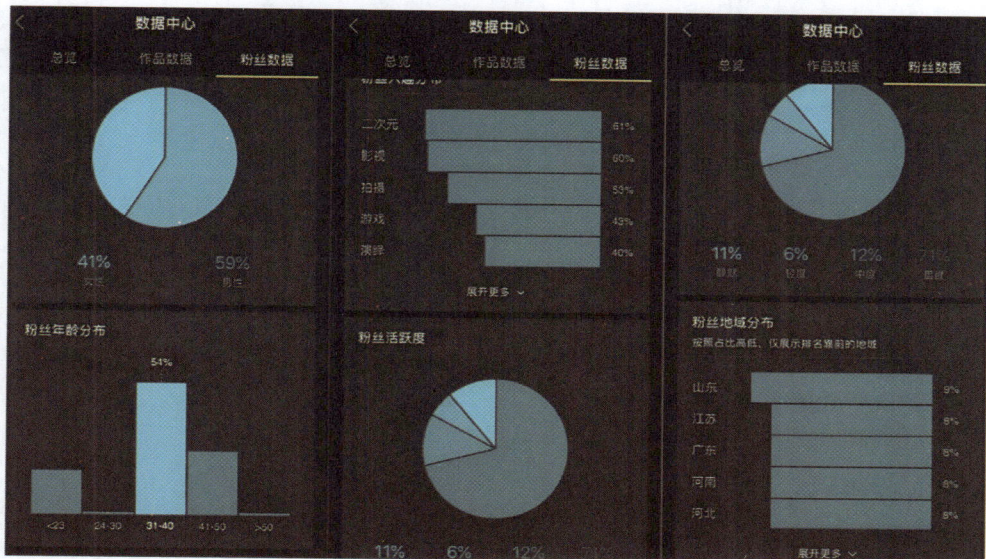

图1-17　抖音数据中心

在抖音数据中心，直播带货用户可以看到以下关键数据。

成交数据：包括商品入口展示次数、用户点击商品详情页次数、成交订单数和成交金额。

流量数据：包括商品橱窗访问次数、商品分享视频发布次数、商品分享直播次数、商品分享直播时长等数据。

互动数据：包括商品分享视频点赞和评论次数、直播购物车点赞次数、弹幕数等数据。

步骤 6 哔哩哔哩数据分析

哔哩哔哩作为现在国内年轻人的一大文化社区，其主要特色在于弹幕功能。这种独特的视频体验能够加强用户与创作者之间的联系。

哔哩哔哩也具有后台数据统计功能。在哔哩哔哩的数据中心，视频博主可以看到自己的粉丝数、播放量、评论数、分享数、点赞数以及弹幕数，哔哩哔哩数据中心如图1-18所示。这些数据可以帮助视频博主对自己账号的影响力有一个更为清晰的了解，并为账号运营提供指向。除了分析对账号的影响，哔哩哔哩数据中心另外一个重要的作用是可以展示单个视频的数据。单个视频数据包括用户使用的设备、弹幕热点区域分布图、用户离开趋势图等，这些数据对视频博主发掘用户兴趣点及改进自己的视频有着重要的作用。

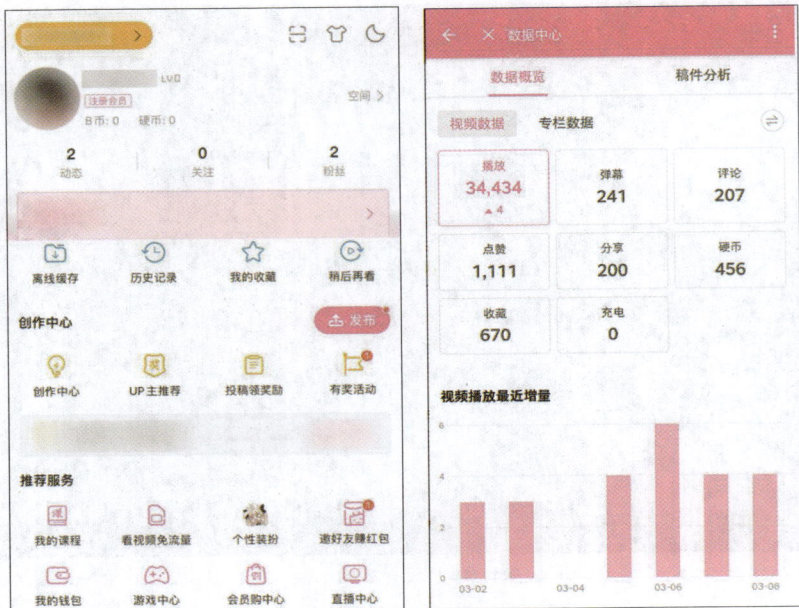

图1-18 哔哩哔哩数据中心

项目小结

在当下新媒体兴盛的时代，新媒体与新媒体数据分析是当今社会中重要的话题。新媒体平台背后的数据含有大量的有效信息，涵盖了大量的用户行为内容，这些数据对新媒体平台的运营至关重要。新媒体数据分析的基本流程包括需求分析、数据采集、数据处理、数据分析、数据呈现、报告撰写6个步骤。大型互联网企业中都有新媒体平台，如微博、微信公众号、今日头条、抖音等，这些新媒体平台都有各自的数据分析后台，新媒体运营者可以通过充分利用新媒体平台和数据分析技术，及时调整和改进新媒体平台的运营内容和模式，以便紧跟时代的步伐，更好地应对信息时代的挑战和机遇。

拓展实训

（1）查看自己微信朋友圈或微博、微信公众号等后台自行统计的数据并导出，试进行简单分析。

（2）根据新媒体数据分析应用的一般步骤，结合实际，制定切实可行的方案，试分析所在学校的某个新媒体平台，并提出应用数据的基本思路。

（3）2022年11月2日，由工业和信息化部主办，中国互联网络信息中心、中国科学院计算机网络信息中心、中国工业互联网研究院联合承办的第三届中国互联网基础资源大会（China Internet Infrastructure Resources Conference）在北京落下帷幕。据悉，国家互联网基础资源大数据（服务）平台已形成涵盖数据采集、清洗、汇聚、管理、分析、挖掘、安全保障等环节在内的互联网基础资源领域全链条大数据技术能力，并获得了多项对外服务成果。思考：在新媒体数据分析的各项工作中，我们如何做好数据查找工作？如何查找到权威可靠的数据？

项目二
新媒体数据分析的工具与方法

项目概述

数据分析是一项广泛应用的技术，有许多工具可以帮助人们进行数据分析。数据分析人员借助分析工具可以大大提升效率，他们在选择工具的时候往往会根据数据的用途以及数据的特点来做出决定。一般地，数据分析工具常用的软件有Excel、Python、R语言、Power BI、SPSS、Tableau等。随着数据分析理论和与之相关的实践日益成熟，除了这些专业的数据分析软件外，很多机构和企业也在数据分析的不同应用领域研发出了实用性很强的工具，主要有网站分析工具、社交媒体分析工具、第三方分析工具等。运用这些数据分析工具，数据分析人员可以有效提高新媒体工作效率。新媒体数据分析工具指的是在新媒体数据的采集、整理、分析、策略制定与运营调整等环节中需要用到的分析工具。新媒体运营者借助工具从海量数据中快速挖掘有效数据，为了快速找到有效数据，分析数据背后的规律，需要借助一定的数据分析方法找到数据背后的规律，最终有效指导运营。

本项目将从新媒体数据的采集、整理、分析等过程着手，针对新媒体数据分析的常用指标，详细介绍相关分析工具与方法，让学生掌握新媒体数据分析工具的常用分析方法，锻炼学生数据处理的能力，培养学生实事求是、尊重数据的精神。

学习目标

知识目标

➢　了解新媒体数据的采集途径和方法

➢　掌握新媒体数据的整理方法

➢　理解新媒体数据常用的分析指标

➢　了解新媒体数据分析的常用工具

➢　掌握新媒体数据分析的常用方法

➢　了解新媒体数据的可视化图表

技能目标

➢　能够通过多种方式收集新媒体数据

➢　能够进行新媒体数据的清洗和加工

➢　能够运用相应的分析方法解析新媒体数据

➢　能熟练操作北测数字数据分析平台

素质目标

➢　培养收集、处理、使用网络调查信息的能力

➢　具备合法合规收集新媒体数据的意识

学思融合

"工欲善其事，必先利其器"，中国高铁（见图2-1）的发展可以说是举世瞩目的。自2008年中国首条高速铁路线路——京津城际铁路开通以来，中国高铁网络迅速扩展，成为全球最大、最快、最先进的高铁网络。截至2022年年末，中国高铁运营里程达到4.2万千米。中国高铁的运营速度也非常惊人，最高时速达到350千米，部分线路时速甚至达到了380千米。这使得中国高铁成为世界上最快的高铁系统之一。

数据分析工具和方法在中国高铁发展中起着重要作用。它们帮助高铁运营商收集和分析运营数据、优化运营计划和运行效率、预测客流需求、管理安全风险。通过数据分析，中国高铁能够不断提升服务质量，满足乘客需求，实现可持续发展。

新媒体数据分析工具和方法是运营者高效便捷进行数据采集、整合、结果分析的重要武器，本项目介绍新媒体数据分析工具和方法的使用技巧，从中我们可以得到一些启发。

（1）选择和使用合适的数据收集工具。新媒体数据收集工具非常多，如网络爬虫、社交媒体检测工具等，这些工具可以帮助运营者获取全面的数据样本，为后续的分析提

供可靠基础。

（2）使用恰当的工具和方法处理数据。采集到的数据需要进行一定的处理才能为己所用。处理数据这个过程减少了数据冗余、数据缺漏等问题，保证了数据的一致性和准确性。

（3）化繁为简，得到简洁明了的数据分析结果。借助数据分析工具和恰当的方法，将复杂的数据转为直观、易于理解的图表和图形，运营者能更好地发现数据之间的关联性和变化趋势，有助于其做出更明智的决策和战略规划。

图2-1　中国高铁

知识基础

一、新媒体数据采集

新媒体数据采集是指通过各种技术手段和工具，收集和获取新媒体平台上的相关数据。这些数据可以用于分析用户行为、了解受众喜好、评估内容效果等，从而为企业和个人提供决策支持和优化策略。以下是一些常见的新媒体数据采集工具。

1. 网络爬虫

网络爬虫技术可以用于自动抓取新媒体平台上的数据，如文章浏览量、用户评论数与点赞数等。这种方法可以获取大量数据，但需要注意遵守相关法律法规和平台规定，避免侵犯他人隐私和违反数据使用规定。网络爬虫工具很多，常见的网络爬虫工具如图2-2所示。

图2-2　常见的网络爬虫工具

2．API

许多新媒体平台提供应用程序接口（Application Programming Interface，API），允许开发者通过接口获取特定的数据。调用API，可以获取用户信息、粉丝数量、发布内容等数据。使用API可以确保数据的合法性和准确性，但需要了解和遵守平台的限制和开发者政策。

3．数据分析工具

一些数据分析工具和平台提供了新媒体数据采集的功能，可以通过输入相关的账号或关键词，获取相应的数据分析报告和分析结果。这些工具通常会提供可视化的数据展示和分析功能，方便用户进行数据解读和决策。

4．调查问卷

通过设计和发布调查问卷，可以主动收集用户对新媒体平台的使用习惯、喜好和意见。这种方法可以获取用户的主观反馈和意见，但需要注意问卷设计的科学性和样本的代表性。常见的调查问卷工具如图2-3所示。

图2-3　调查问卷工具

在进行新媒体数据采集时，需要注意保护用户隐私和遵守相关法律法规。同时，数据采集应该与具体的目标和需求相匹配，避免过度收集和滥用数据。

二、新媒体数据整理

新媒体数据整理是指对采集到的新媒体数据进行清洗、分类、标注和整合，以便更好地理解和利用这些数据。以下是一些常见的新媒体数据整理步骤。

1．数据清洗

数据清洗，即对采集到的数据进行清洗，去除重复、错误或无效的数据。这可以通过筛选、过滤和去重等方法来实现，确保数据的准确性和完整性。

2．数据分类

数据分类，即根据数据的特征和属性，将数据进行分类。例如，可以根据发布平台、内容类型、用户属性等对数据进行分类，以便后续的分析和比较。

3．数据标注

数据标注，即对数据进行标注，为每个数据点添加相关的标签或属性，以进一步对数据进行分析和挖掘。例如，可以为每个数据点添加情感标签、主题标签等。图2-4所示为网易数帆软件页面。

图2-4　网易数帆软件页面

4．数据整合

数据整合，即将不同来源和格式的数据进行整合，确保数据的一致性和可比性，以便进行综合分析。这可能涉及数据格式转换、数据合并等操作。

在进行新媒体数据整理时，需要注意数据的质量和可靠性。同时，要根据具体的目标和需求，选择合适的数据整理方法和工具，以便更好地利用新媒体数据进行决策和优化策略。

⬎ 三、新媒体数据的分析指标

新媒体数据的分析指标根据具体的目标和需求而有所不同。以下是一些常见的新媒体数据分析指标。

➢ **曝光量：**表示内容在新媒体平台上被展示给用户的次数。曝光量可以反映内容的影响力和传播范围。

➢ **点击量：**表示用户对内容的点击次数。点击量可以衡量内容的吸引力和用户的感兴趣程度。

➢ **转发量：**表示用户将内容转发给其他用户的次数。转发量可以反映内容的传播效果和用户对内容的认同程度。

➢ **互动量：**包括评论、点赞、分享等用户与内容进行互动的次数。互动量可以衡量用户对内容的参与度和用户与内容的互动程度。

➢ **点赞量：**表示用户对内容进行点赞的次数。点赞量可以反映用户对内容的认可和喜好程度。

➢ **评论量：**表示用户对内容进行评论的次数。评论量可以反映用户对内容的反馈和讨论程度。

➢ **点击率：**表示用户点击内容的比例，通常以百分比表示。点击率可以衡量内容的吸引力和用户对内容的关注程度。

➤ **转化率**：表示用户从浏览到实际行动（如购买、注册等）的比例。转化率可以衡量内容对用户行为的影响效果。

➤ **用户增长率**：表示新媒体平台上用户数量的增长速度。用户增长率可以反映平台的吸引力和用户的留存情况。

➤ **受众分析**：包括用户属性、兴趣偏好、地域分布等方面的分析。受众分析可以帮助运营者了解目标用户群体，从而更好地定位和优化内容。

以上是一些常见的新媒体数据分析指标，具体的分析指标还需要根据具体的情况和需求选择和定义。同时，需要注意综合考虑多个指标，以全面评估内容的效果和用户的反馈。

四、新媒体数据分析的常用工具

新媒体数据分析的常用工具有很多，以下是一些常见的工具。

1. 网站分析工具

网站分析工具是指收集网站运营数据，为网站优化提供数据支持的工具。

百度统计是百度推出的一款免费的专业网站流量分析工具，能够告诉运营者访客是如何找到并浏览运营者的网站的，及其在网站上做了些什么，有了这些信息，运营者可以改善访客在网站上的使用体验，不断提升网站的投资回报率。百度统计可以进行流量分析、来源分析、网站分析、转化分析等数据分析。它提供了几十种图形化报告，全程跟踪访客的行为路径。同时，百度统计集成百度推广数据，帮助运营者及时了解百度推广效果并优化推广方案。图2-5所示为百度统计主页面。

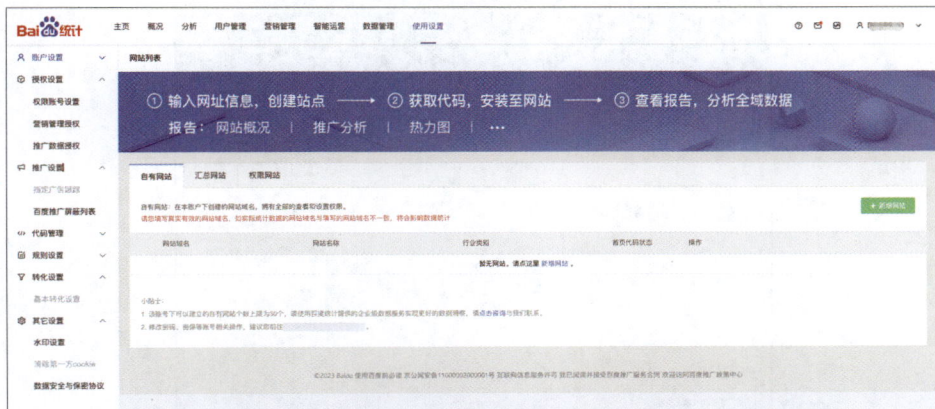

图2-5　百度统计主页面

腾讯分析由腾讯公司于2011年5月发布，是全球第一款专用于社区的统计分析工具，该工具在腾讯强大的数据分析和计算能力基础之上，除了具备标准流量统计的功能，还能够细分访客类型（游客与会员），统计网站的实时数据、热门板块、热门主题、会员参与度等情况，为站长运营提供强有力的数据参考。需要说明的是，使用腾讯分析工具需要开通Discuz!云平台的账号。

2. 社交媒体平台分析工具

各大社交媒体平台都具备自己的数据分析工具，可以用于分析平台上的用户互动、内容传播、用户属性等数据。这些工具通常提供了实时数据和详细报告，帮助运营者了解平台上的用户行为和内容表现。常见的社交媒体平台有微信、微博、抖音等。图2-6所示为微信公众号数据中心页面，图2-7所示为微博数据中心页面，图2-8所示为抖音数据中心页面。

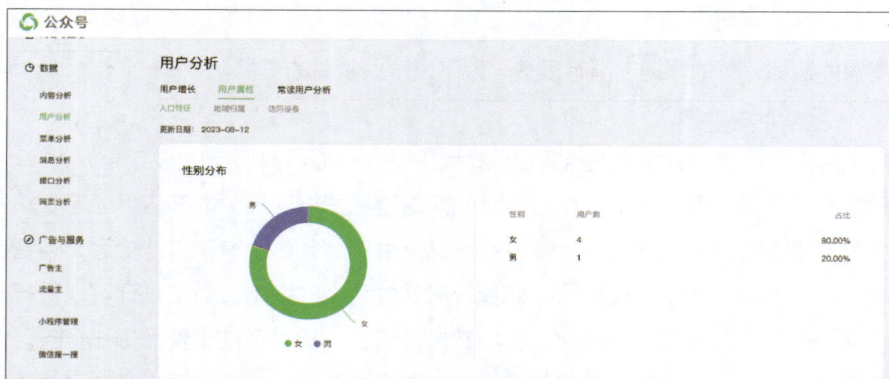

图2-6　微信公众号数据中心

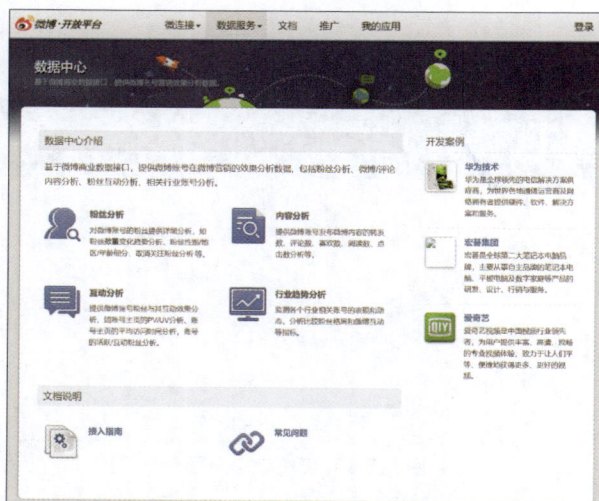

图2-7　微博数据中心

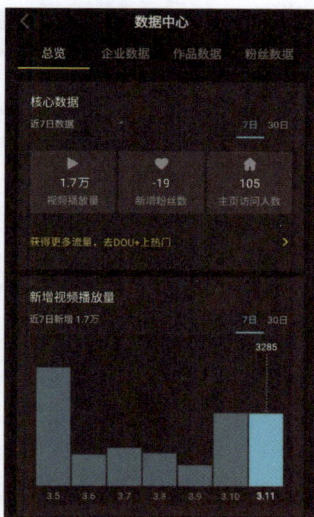

图2-8　抖音数据中心

3. 第三方社交媒体管理工具

第三方社交媒体管理工具提供了综合的社交媒体数据分析功能。这些工具可以帮助运营者管理多个社交媒体账号，并提供数据分析、报告生成、内容排程等功能，方便运营者进行全面的数据分析和管理。常见的第三方社交媒体管理工具有百度智能云、神策数据、清博指数等。图2-9所示为百度智能云平台页面，图2-10所示为神策数据分析平台主页面，图2-11所示为清博指数平台页面。

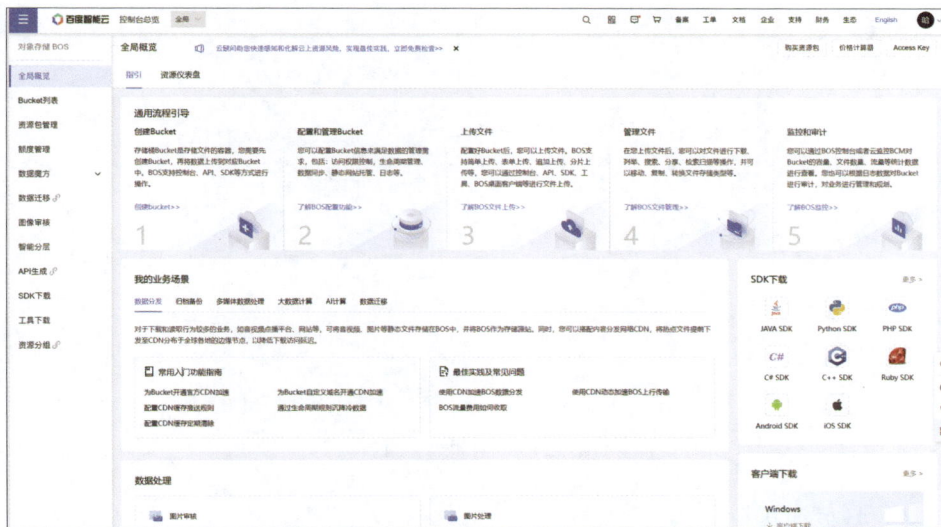

图2-9　百度智能云平台

图2-10　神策数据分析平台

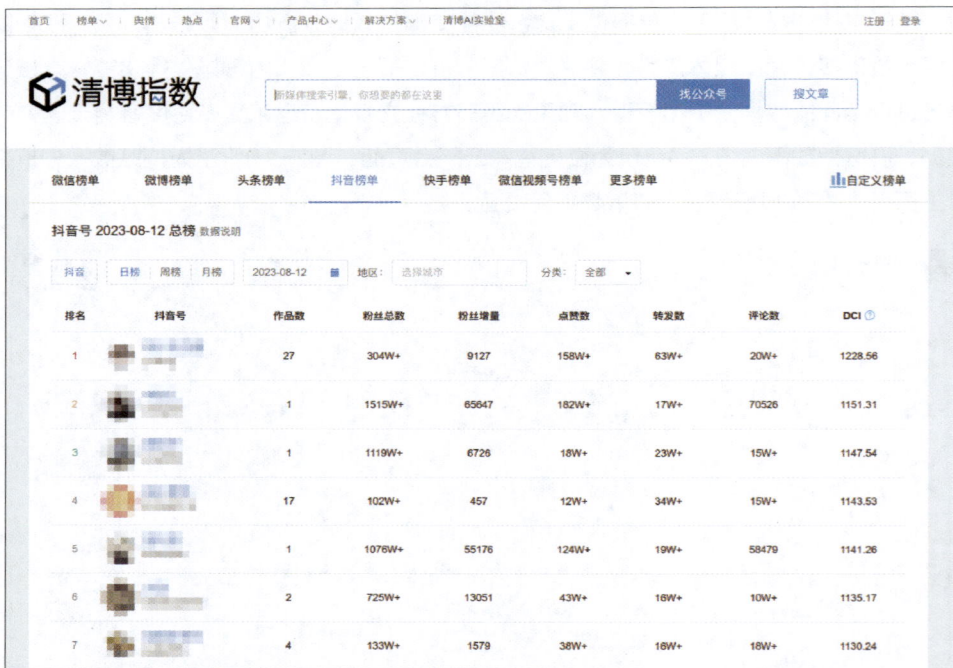

图2-11　清博指数平台

4. 数据可视化工具

数据可视化工具可以将数据转化为可视化图表和仪表盘，使数据更加直观和易于理解。这些工具可以帮助运营者将新媒体数据进行可视化展示，发现数据中的关联和变化趋势。常见的数据可视化工具有Excel、Tableau、Power BI等。图2-12是Excel数据可视化工具页面，图2-13是Tableau数据可视化工具页面，图2-14是Power BI数据可视化工具页面。

图2-12　Excel数据可视化工具

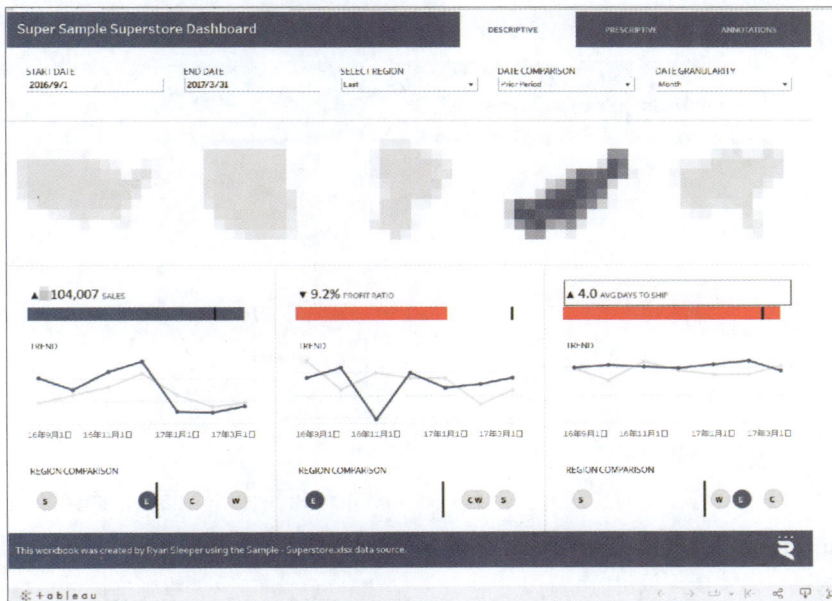

图2-13　Tableau数据可视化工具

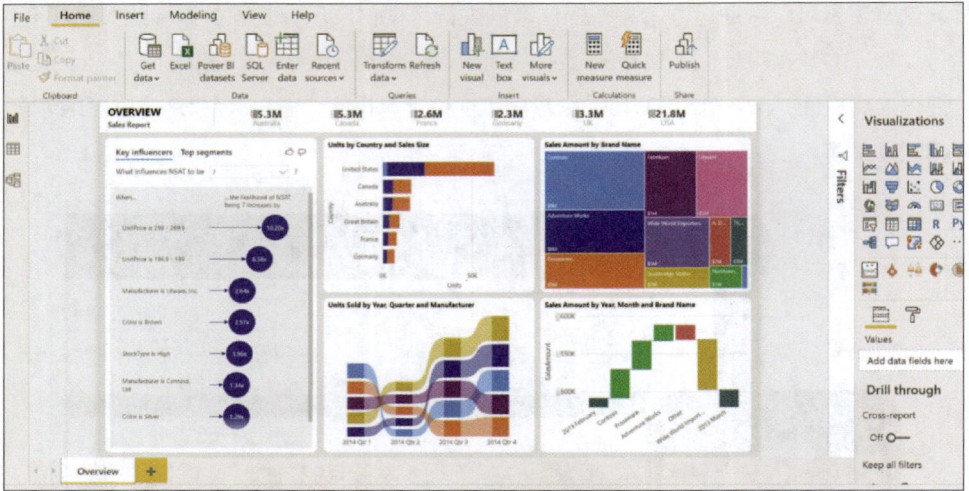

图2-14　Power BI数据可视化工具

5. 关键词分析工具

关键词分析工具可以帮助运营者了解关键词的搜索量、竞争程度和趋势，从而优化新媒体内容的关键词选择和排名。图2-15所示为百度指数平台的相关页面。

图2-15　百度指数平台

6. 其他数据分析系统平台

如今，各个机构和企业也在开发各自领域的数据分析平台。下面这款商务数据分析与应用系统是由北京北测数字技术有限公司（以下简称"北测"）推出的一款业务数据可视化分析展示工具。该产品可以助力人们搭建一站式数据分析平台，搭建连接信息孤岛的桥梁，让用户爱上看数据。图2-16是该商务数据分析与应用系统某数据的看板页面。

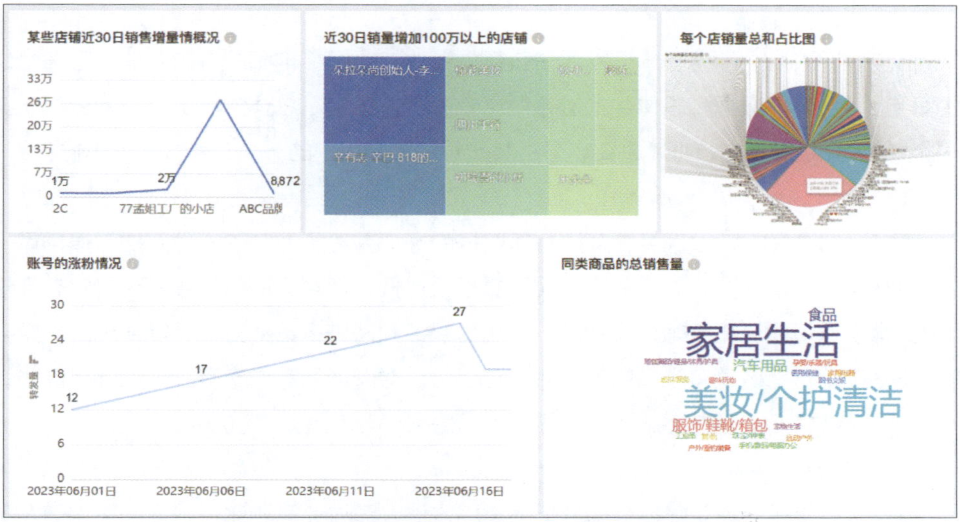

图2-16　商务数据分析与应用系统某数据的看板页面

除了以上列举的工具，还有许多其他的新媒体数据分析工具，运营者可以根据自己的需求和预算选择合适的工具进行数据分析和优化。同时，需要注意不同工具的特点和功能，结合实际情况选择合适的工具进行使用。

五、新媒体数据分析的常用方法

新媒体数据分析通过对新媒体平台上的数据进行收集、整理和分析，以了解用户行为、内容效果和市场趋势等信息。以下是一些常用的新媒体数据分析方法。

1. 对比分析法

对比分析法是一种常用的数据分析方法，它通过对比不同数据集之间的差异和相似之处，来揭示数据中潜在的关联和规律。它可以用来比较不同时间段、不同用户群体或不同内容类型之间的数据。例如，比较不同时间段内用户活跃度的变化，或者比较不同内容类型的受欢迎程度。通过对比分析，运营者可以发现一些有意义的数据变化趋势和模式，从而为决策提供有力的支持。

2. 分组分析法

分组分析法是一种常用的数据分析法，它通过比较不同数据组别之间的差异和相似之处，揭示出数据之间潜在的关联和规律。它可以比较不同群体、不同条件或不同处理方式之间的数据。例如，选择年龄作为分组变量，比较不同年龄组别之间的消费行为差异，或者选择地区作为分组变量，比较不同地区之间的销售额差异。通过分组分析，运营者可以发现不同组别之间的差异和相似之处，深入了解数据之间的关系和变化趋势，为决策者提供决策思路。

3. 结构分析法

结构分析法是一种用于分析和评估新媒体数据的组织结构和关系的方法，它在分组的基础上，将组内数据和总体数据进行对比，分析各个组占总体的比例，进而分析出某一整体的内部组织结构特征。例如，分析某账号的常驻用户的一、二线城市占比情况。

4. 直接评判法

直接评判法是一种根据经验直接判断数据的好坏并给予评判的一种方法，通常用于内部过往运营状况评估，如评估近期阅读量是否过低，评判近期销售量是否异常，评估当日文章推送量是否正常等运营状况。利用直接评判法进行数据分析，需要满足一定要求：一个是运营者必须有丰富的新媒体运营经验，对阅读量等信息有正确的评估能力；另一个是经过加工处理的数据要够直观，可以直接代表某个数据的优劣。

5. 平均分析法

平均分析法是一种新媒体数据分析的常用方法，通过计算和比较数据的平均值，了解数据的整体变化趋势和平均水平。例如，可以比较不同月份的帖子的数据平均值，以了解帖子数量的变化趋势，如果平均值呈现增长趋势，可以推断出新媒体的受关注程度在增加。需要注意的是，平均分析法只能提供数据的整体变化趋势和平均水平，但并不能反映数据的分布和变异程度。因此，在进行新媒体数据分析时，还需要综合运用其他统计方法和数据可视化技术，以全面了解数据特征和规律。

6. 矩阵分析法

矩阵分析法是一种常用的定量分析方法，用于对不同维度的数据进行综合评估和比较。构建矩阵模型，可以更全面地了解新媒体数据的特征和关联性。使用矩阵分析法进行数据分析的步骤包括确定评估指标、构建评估矩阵、权重分配和综合评估。例如，对某餐饮企业的大众点评评价进行分析，可以借助4个象限"紧急且重要，重要但不紧急，紧急但不重要，不紧急也不重要"进行矩阵分析，并重点处理"紧急且重要"的事项。

7. 漏斗图分析法

漏斗图分析法是一种常用的数据分析方法，因展现形式如漏斗而得名。它常用于分析和比较不同阶段的数据流动和转化情况。它可以帮助运营者了解在一个过程中，从初始阶段到最终目标的转化率和转化效果。例如，在销售过程中，漏斗图可以展示不同销售阶段过程中潜在客户到成交客户的转化情况，通过比较每个阶段的转化率，确定哪个阶段存在较大的客户流失，进而采取相应的措施提高转化率。

8. 雷达图分析法

雷达图常用于指数分析，即通过对新媒体账号的内容质量、领域专注等不同维度的计算而得出客观评分结果。分数越高，代表账号的质量越高。可以利用雷达图进行分析的指数，包括今日头条指数、大鱼号星级指数、百家号指数等。例如，分析某企业绩效，可以选择销售额、市场份额、客户满意度等维度创建雷达图，分析和观察不同变量之间的关系，得出一些结论。

9. 回归分析法

回归分析法是通过研究事物发展变化的因果关系来预测事物发展走向，它是研究变量间相互关系的一种定量预测方法，又称回归模型预测法或因果法。

例如，将短视频账号粉丝数据导出到Excel表格，对累计粉丝数进行一元线性分析，就可以预测某个时间点的粉丝量。

↘ 六、数据可视化图表

数据可视化是将数据以图形或者图表的形式呈现，以便更直观地理解和分析数据的过程。通过数据可视化，我们可以将复杂的数据转化为易于理解和解释的图形或图表，从而揭示数据中的模式、变化趋势和关联。下面是几种常用的新媒体数据可视化图表。

1. 折线图

折线图用于展示时间序列数据的变化趋势，如用户增长趋势、内容发布频率的变化等。折线图可以清晰地展现数据的变化情况，方便用于比较不同时间段的数据。

2. 柱形图

柱形图用于比较不同类别或不同时间段的数据，如不同内容类型的受欢迎程度、不同地区用户数量的比较等。柱形图可以直观地显示数据的差异和对比情况。

3. 饼图

饼图用于展示数据的占比关系，如不同性别用户比例、不同年龄段用户比例等。饼图可以清晰地显示各个分类的比例关系。

4. 热力图

热力图用于展示数据的热点分布情况，如用户活跃度的热点地区、内容传播的热点时间段等。热力图可以直观地显示数据的密集程度和集中区域。

5. 散点图

散点图用于展示两个变量之间的关系，如用户互动次数和内容类型之间的关系、用户参与度和发布频率之间的关系等。散点图可以帮助运营者发现变量之间的相关性和变化趋势。

6. 词云图

词云图用于展示关键词的频率和重要性，如用户评论中的关键词、内容标签的热门词等。词云图可以直观地显示关键词的权重和受关注程度。

通过数据可视化处理，新媒体数据分析的结果可以更加直观和易于理解，帮助决策者更好地把握数据的核心信息和变化趋势，从而做出更准确的决策和优化策略。

需要注意的是，在进行数据可视化时，我们应该选择恰当的图表类型，确保数据的准确性和一致性，并注意设计和布局的美观性和易读性。

项目实训

↘ 任务一　认知新媒体数据采集

1. 任务概述

新媒体采集即根据需求，收集相关数据，它是新媒体运营者开展数据分析的一个必要环节，也是做好数据分析的基本保障工作。本任务主要学习新媒体数据的采集方法与方式。

2. 任务目标

➢ 了解新媒体数据采集的基本流程
➢ 掌握新媒体数据采集的方法与方式

3. 任务实施

步骤 **1** 明确需求

明确需求是采集数据进行分析的首要条件，以便筛选出有价值的数据，剔除无效数据干扰，保证数据分析结果的合理性。在新媒体运营工作中，运营者会根据具体情况和需要采集数据，以便了解自身的运营状况，或者了解外部环境和市场情况。目的不同，采集的数据也不同。在明确需求后采集的数据更具针对性和目的性。

运营者想要明确需求的前提就是找到核心指标，根据核心指标构建数据分析指标体系，然后根据数据分析指标体系有针对性地采集数据。而指标体系的搭建需要运营者梳理业务流程。

以直播带货的账号为例说明指标体系的构建过程。首先，明确核心指标，直播带货账号的核心是商品销售，运营者希望通过数据分析提高账号的销售额，因此直播带货账号的核心指标就是销售额；其次，运营者要分析用户的关键购买行为，包括关注账号、观看直播、加入购物车、支付等，然后找到与关键购买行为相对应的指标，如账号新增粉丝数、观看时长、下单转化率、支付转化率、客单价等，从而形成以销售额为核心的指标体系。

步骤 ② 按需求采集数据

运营者在梳理好业务流程，搭建好指标体系后，就可以开始采集数据。首先，运营者根据指标体系整理出数据指标，然后根据数据指标和数据分析目的进行数据采集。这样能让运营者在收集数据时有方向和目的，也能让运营者知道要分析什么。

新媒体运营者可以通过多种方式采集数据。下面是常用的几种采集方式。

（1）从自媒体账号平台采集数据

各类自媒体平台账号后台都为运营者提供了运营数据。下面介绍抖音、微信公众号查看数据的方法。对于抖音，运营者进入账号后台，点击右下角的"我"，找到"抖音创作者中心"，如图2-17所示，即可进入数据中心。对于微信公众号平台，运营者进入账号后台，找到"数据"栏，点击即可看到相关数据。图2-18所示为某微信公众号的用户属性分析的相关信息。

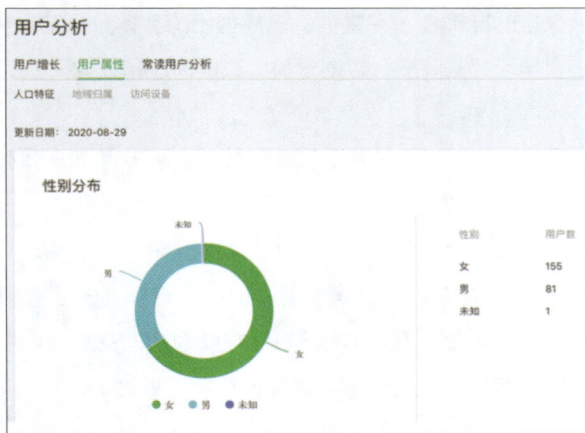

图2-17 "抖音创作者中心"选项　　图2-18 某微信公众号的用户属性分析的相关信息

（2）使用第三方工具采集数据

第三方工具种类很多，新媒体运营者可以利用这些工具采集自己需要的数据。比较常用的工具有：百度指数、新榜、神策数据、清博大数据、微热点、飞瓜数据、蝉妈妈、卡思数据、西瓜数据等。各个工具可以根据用户需求，提供相应的数据，有些还能够进行舆情分析。随着技术的发展，第三方工具越来越成熟，不仅可以提供数据，还可以生成可视化图表以及分析报告等内容。

（3）使用网络爬虫工具采集数据

网络爬虫工具是一种根据网页结构自动提取互联网某些站点信息的程序或脚本。Python、Java、C#等编程语言都可以用来编写网络爬虫工具。

为了便于获取网上信息，市场上有许多网络爬虫工具，可以让用户轻松地完成数据的采集，并且转换成自己想要的格式。常用的网络爬虫工具有八爪鱼、火车采集器、神箭手等。使用网络爬虫工具采集数据时需要注意保护隐私数据，尊重法律，合理合规使用数据。

（4）手动采集数据

有些数据无法通过新媒体平台获取，也无法借助第三方平台获取或者网络爬虫工具获取，则需要手动采集数据。例如，对多个账号、多个平台的阅读数据进行统计分析时，就需要手动采集数据。

↘ 任务二　认知新媒体数据整理

1. 任务概述

新媒体数据整理是指在分析数据之前，先对数据进行一定的清洗、分类、标注和整合，主要目的是清洗异常数据、纠正错误数据、统计同一性质数据，并整合相关数据等，以保证数据的准确性、完整性，这样得出的数据分析结果更为科学，更具有参考价值。本任务主要学习数据清洗、数据分类、数据标注和数据整合的方法。

2. 任务目标

➢ 掌握新媒体数据的整理过程，学会初步整理新媒体数据

3. 任务实施

步骤 1 数据清洗

（1）数据去重。在数据收集过程中，可能会出现重复的数据，这个时候需要分析人员识别和删除重复的数据，以确保数据的准确性和一致性。图2-19所示为某销售排行榜中重复出现的数据，对该部分数据进行删除处理。

副本某快手小店销售排行-分析-Sheet1

文件 | Excel

	排行	快手小店	商品分类	店铺评分	总销量	近30日销量增量	商品数	关联主播	直播间
1	1	朵拉朵尚创始人-李海珍的小店	美妆/个护清洁	5	18 569 000	2 352 000	98	1	54
2	1	朵拉朵尚创始人-李海珍的小店	美妆/个护清洁	5	18 569 000	2 352 000	98	1	54
3	3	辛有志 辛巴 818的小店	美妆/个护清洁	5	220 000 000	1 930 000	3	1	3
4	4	瑜彩美妆	美妆/个护清洁	4	2 842 000	1 238 000	16	8	14
5	5	四川千行	虚拟/服务	4	708 000	1 203 000	2	39	95
6	6	初瑞雪的小店	美妆/个护清洁	4	22 323 000	1 186 000	15	1	4
7	7	哒动食品	食品	4	22 710 000	1 125 000	19	18	277
8	8	聚味食品	食品	3	2 536 000	1 062 000	24	7	13
9	9	米朵朵	医用保健	4	1 261 000	1 002 000	8	76	526
10	10	猫七七姑娘的小店	美妆/个护清洁	5	23 977 000	995 000	76	1	31
11	11	瑞琪奥兰	食品	4	1 278 000	864 000	3	4	7
12	12	甘滋罗加文	食品	4	1 387 000	833 000	7	6	9
13	13	老银（纯银首饰）的小店	美妆/个护清洁	4	10 170 000	831000	29	1	16
14	14	雨霖纸品湿巾	家居生活	4	5 141000	749 000	31	1	64
15	15	江南印象y的小店	美妆/个护清洁	5	9 017 000	741000	36	1	18
16	16	[illegible]	食品	5	8 820 000	736 000	80	1	39

图2-19　删除重复数据

（2）数据格式化。其是指将数据转换为统一的格式，以便进行后续的分析和处理，包括统一日期和时间格式、数字格式、文本编码等。图2-20中，日期和时间格式不统一，需要将数据格式化。

DD2022071411375590DDC1B360AB7	E43A6E078A06874	3	3 怡宝纯净水	2022-1-29 11:14	已出货未退款	已提现	1月	29日	11时
DD2022071412044099C079EF00FC6	E43A6E078A06874	3	3 怡宝纯净水	2022年1月29日12点20分	已出货未退款	已提现	1月	29日	11时
DD2022071423323315732C4C7B4FB8	E43A6E078A06874	3	3 怡宝纯净水	2022-1-30 16:28	已出货未退款	已提现	1月	30日	16时

图2-20 日期和时间格式不统一

（3）缺失值处理。在数据中可能存在缺失值，即某些字段没有值或为空。处理缺失值的方法包括删除含有缺失值的记录、使用平均值或中位数填充缺失值、使用插值法进行估算等。图2-21中某零售产品某一天的售出量缺失，需要进行缺失值处理。

A	B	C	D	E	F	G	H	I	J	K	L	M	N	O	P	Q	R	S	T	U	V	W	X	Y
10日	0时	10时	11时	12时	13时	14时	15时	16时	17时	18时	19时	1时	20时	21时	22时	23时	2时	3时	4时	5时	6时	7时	8时	9时
222	2	10	9	29			5	3	25	28	20	3	22	24	7	6	3	6				13	7	
259	2	3		27	3		17	4	23	10	24		64	33	18	5	2	3		6		2	13	
423		8		30	13	27	34	2	72	21	36	11	43	25	8	4	8			9	15	24	33	
176		2	2	13		12	2		19	39	9	2	27	14	27							4		4

图2-21 售出量缺失

（4）数据标准化。对数据进行标准化，使其具有一致的度量单位和范围。例如，将不同的货币单位转换为统一的货币单位，或将不同的尺度转换为相同的尺度，数据度量单位不统一如图2-22所示。

排行	商品	关联主播	直播间	带货销量	带货销售额(预估)	价格
1	MY003【[illegible]推荐】Z	1	2	4 827	6万	1 250
2	金祥年【主推[illegible]】足	1	1	1 009	4 932 000	4 888
3	【1125生日会】状元郎	1	1	4 058	4 054 000	999
4	雨森高尔夫高端抽纸	1	3	195 000	3 896 000	20.01
5	MY303【[illegible]推荐】纟	1	2	481	38.4万	7 990
6	A4420-大鸭梨自制外套	1	2	16 000	3 410 000	210.01
7	A4540-外套	1	2	9 558	3 250 000	340.01
8	MY126【[illegible]推荐】Z	1	2	2 285	3 197 000	1 399

图2-22 数据度量单位不统一

（5）文本清洗。对文本数据进行清洗，包括去除特殊字符、停用词（如“的”“是”等常见字词）、标点符号、HTML（超文本标记语言）标签等，以便进行文本分析和挖掘。

（6）数据验证和纠错。对数据进行验证，确保其准确性和完整性。纠错是指识别和修复数据中的错误，例如拼写错误、格式错误等。

步骤 2 数据分类

运营者可以根据不同的维度对新媒体数据进行分类。按照数据类型，新媒体数据可以分为如下几种。

（1）文本数据：帖子、评论、文章等文本内容。

（2）图像数据：图片、照片等视觉内容。

（3）视频数据：视频、影片等动态内容。

（4）音频数据：音频、音乐等声音内容。

步骤 3 数据标注

（1）文本分类标注。将文本数据归类到不同类别或者主题中，统计相同类别或者主题的文本内容，以便分析文本内容的特点。例如，对微博帖子内容进行主题分类，分析不同主题帖子的影响力，为账号运营提供思路。

（2）关键词标注。对文本数据中的关键词进行标注，以便识别重要词汇或短语。关键词标注可以借助相关工具进行，如百度指数平台。图2-23所示是在百度指数平台查询"美食"关键词的分析结果。通过查看"需求图谱""相关词热度""人群画像""兴趣分布"等内容，运营者能得到与美食关键词相关联的词汇数据。

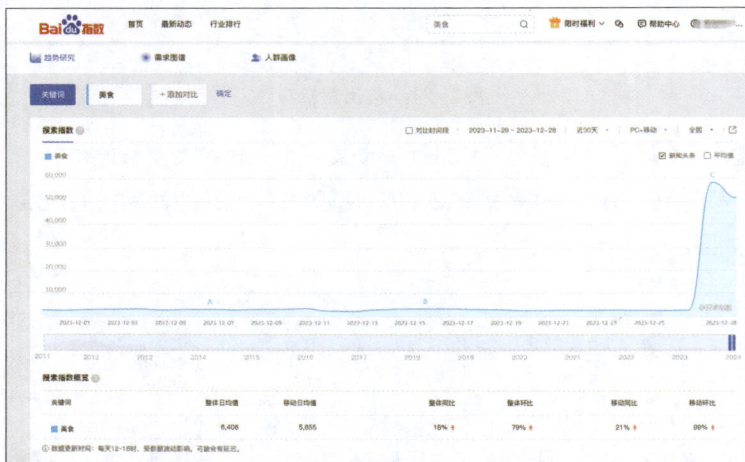

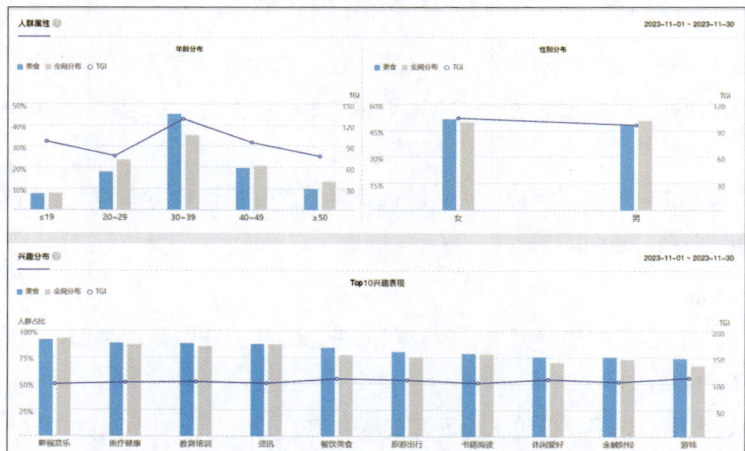

图2-23　百度指数平台查询"美食"关键词的分析结果

（3）情感分析标注。通过分析数据中呈现的情感倾向，如积极、消极、中立等方面的情感倾向，了解用户对产品、服务或者事件的态度和情感反应，帮助运营者做出决策。

数据标注需要手动或借助人工智能技术才能够完成，手动标注要求标注员对数据有一定了解。

步骤 ④ 数据整合

数据整合即对上述处理过的数据进行整理，包括数据匹配与合并以及数据的存储与管理。数据整合是一个复杂的过程，需要综合考虑需求、质量、规模、结构等因素。实际应用中，可以根据具体情况进行调整和优化，以达到最佳的数据整合效果。

↘ 任务三　使用新媒体数据分析工具

1. 任务概述

新媒体数据分析工具是运营者进行数据分析不可或缺的武器，它可以帮助运营者快速分析，得到想要的数据以及结果。本任务主要学习北测数字数据分析平台的使用，掌握平台工具的使用方法。

2. 任务目标

➤ 掌握新媒体数据分析工具的使用方法
➤ 掌握数据可视化图表的制作与美化方法

3. 任务实施

步骤 ① 数据导入

（1）登录系统。登录北测教育网站，输入邮箱地址和密码，登录系统，北测数字数据分析平台登录页面如图2-24所示。

图2-24　北测数字数据分析平台登录页面

（2）创建工作表。单击"工作表"后单击"新建工作表"，创建工作表页面如图2-25所示。本任务以Excel文件为例进行讲解。

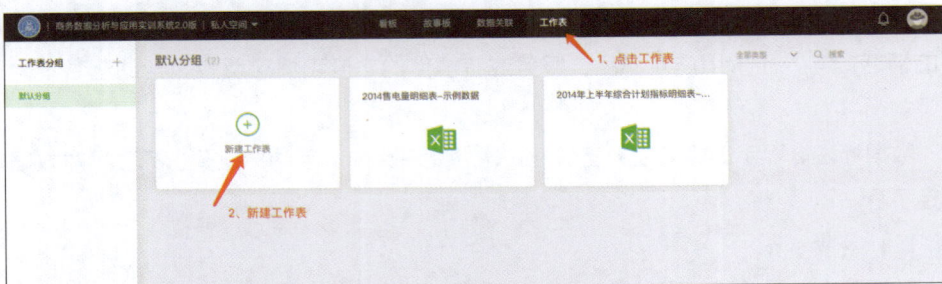

图2-25　创建工作表页面

（3）选择数据源，并导入数据。在弹出的"选择数据来源"页面中选择符合需求的数据源，数据源选择页面如图2-26所示。

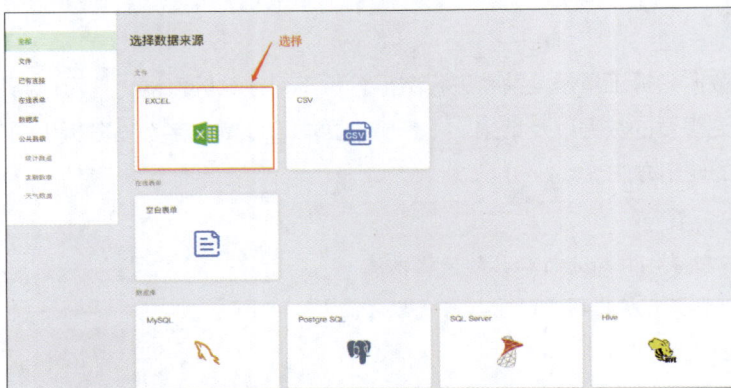

图2-26　数据源选择页面

（4）导入数据。选择好了数据源，再将准备好的数据上传至系统。数据上传成功，即可看到图2-27所示的数据预览与保存页面。保存好工作表后可返回查看，导入成功后的系统页面如图2-28所示。

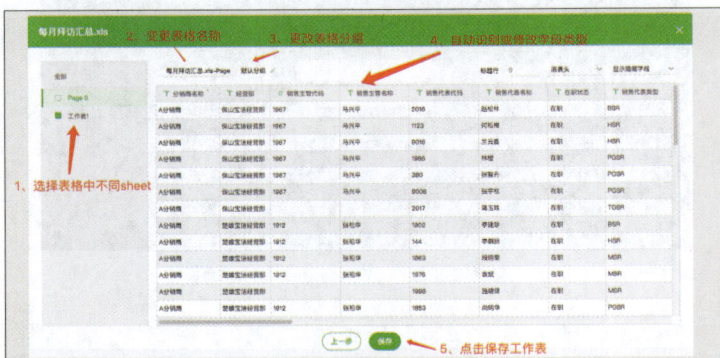

图2-27　数据预览与保存页面

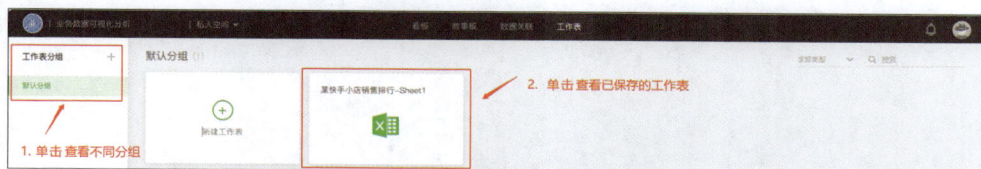

图2-28　导入成功后的系统页面

步骤 2 数据整理

（1）数据清洗与加工。单击导入的数据表，进入工作表页面，可进行数据替换、修改、删除、编辑、字段计算等操作，运营者根据需要进行数据整理工作，数据整理工作页面如图2-29所示。

图2-29　数据整理工作页面

（2）数据关联。运营者有时需要将两个或者多个数据表的相应指标连接后进行综合分析，方式为单击"数据关联"，进入数据关联页面（见图2-30），在其中可设置关联的数据表、字段、关联方式。

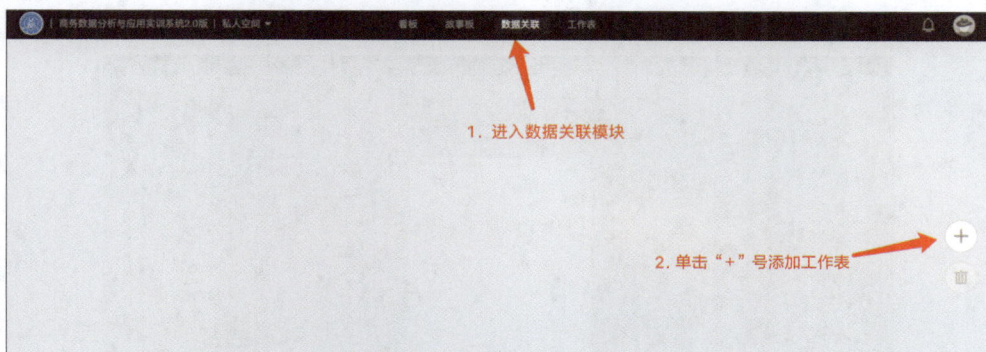

图2-30　数据关联页面

完成数据关联操作后，系统将显示关联的数据表，数据关联显示页面如图2-31所示。

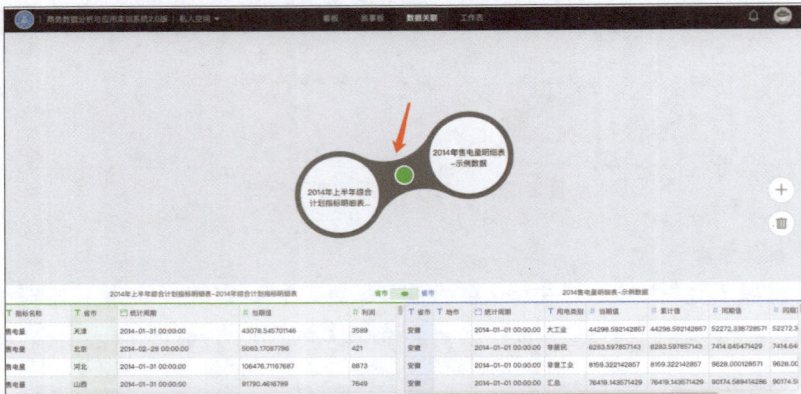

图2-31　数据关联显示页面

步骤③　数据可视化图表的制作与美化

（1）确定图表类型并选择数据源。打开看板，单击右上角"+"号，选择图表类型，如图2-32所示。选择需要转换的工作表，进入图表制作页面，如图2-33所示。本案例选择柱形图进行制作。

图2-32　选择图表类型

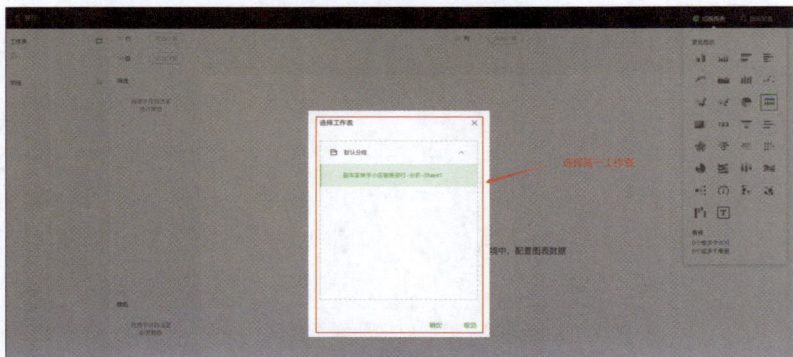

图2-33　选择需要转换的工作表

（2）数据图表化与美化。将导入的数据添加维度项和度量项。系统将自动识别维度项和度量项，运营者根据需要将相关数据拖动至相应位置，即可生成图表。在图表制作页面，还可以根据条件筛选数据以及设置图表颜色，进行图表美化工作，如图2-34所示。

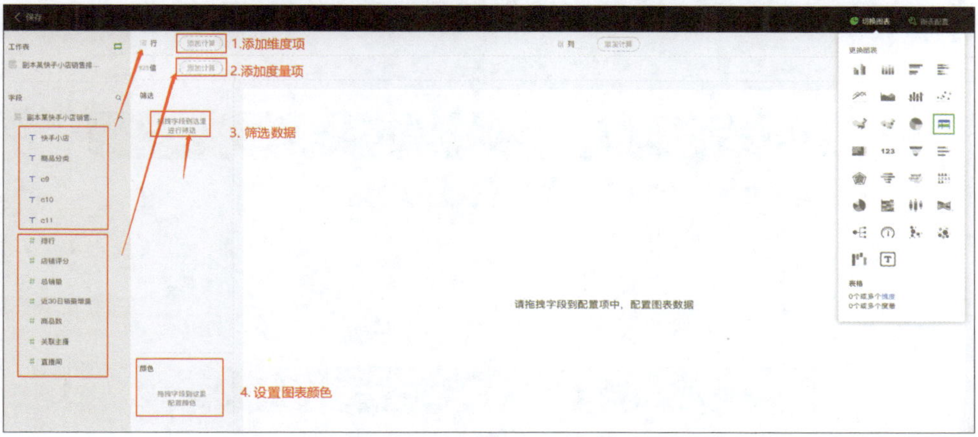

图2-34　图表制作页面

例如，运营者想了解近30日销量增加100万及以上的店铺，设置好维度项、度量项、筛选项、颜色项、图表标题等内容后，即可生成图2-35所示的图表。图表制作完成后单击"保存"即可在看板查看已做好的图表。

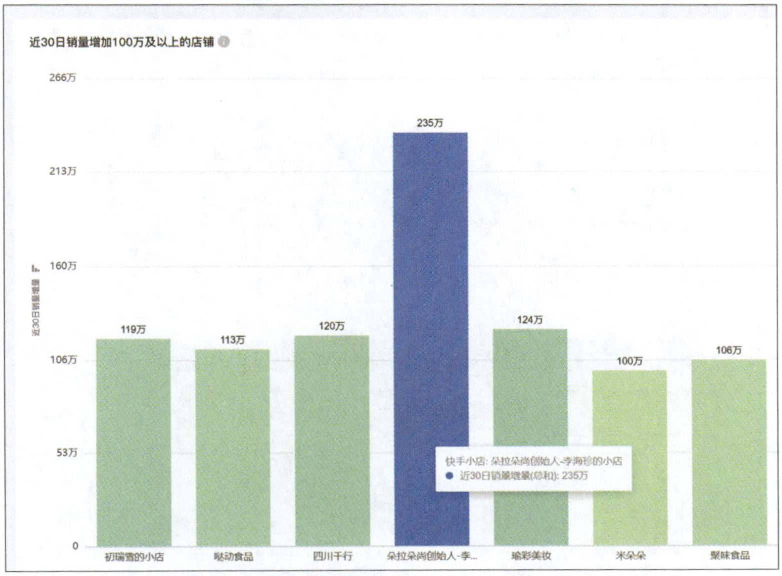

图2-35　近30日销量增加100万及以上的店铺

该页面还能更改图表类型，如改为条形图后，效果如图2-36所示。

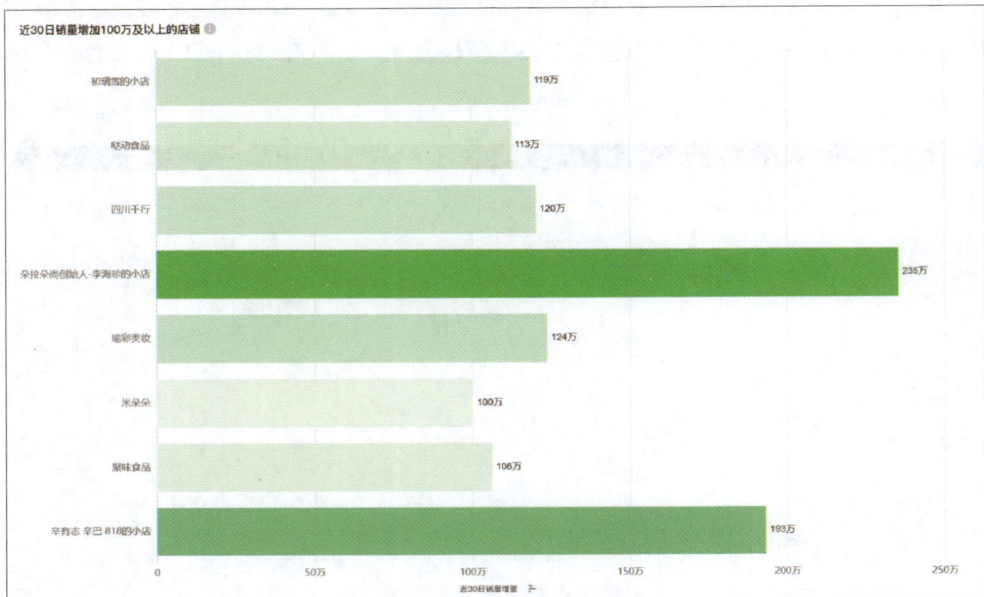

图2-36　近30日销量增加100万及以上的店铺

该页面还可以编辑图表颜色。选择颜色设置区域，进入编辑颜色对话框，运营者可根据自身喜好进行设置，设置好后图表颜色自动改变。颜色编辑包括自动着色和条件着色两种，自动着色页面如图2-37所示。最终效果如图2-38所示。

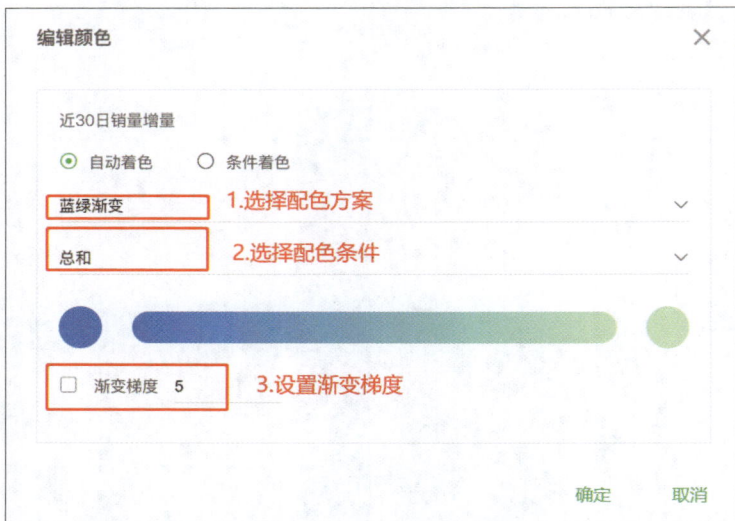

图2-37　自动着色设置页面

图2-38　自动着色效果

　　系统提供各种图表类型，运营者需要根据实际情况选择相应的图表类型进行数据展示与分析。例如，使用销售总量绘制快手小店的商品类别词云图，如图2-39所示。

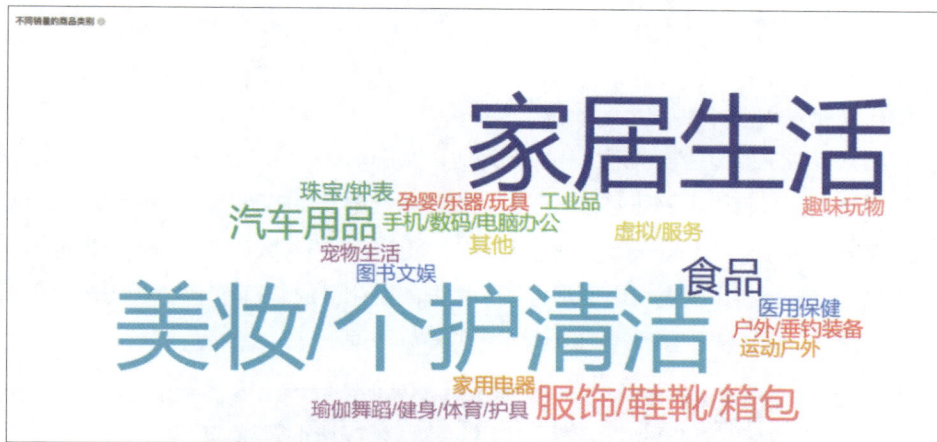

图2-39　使用销售总量绘制快手小店的商品类别词云图

步骤 ④ 制作新媒体数据看板

　　重复图表制作的操作，生成多个图表，调整图表的位置与大小，生成数据看板。

　　例如，某企业的销售数据看板展示了全国范围内各区域的销售额、用电类别占比情况、同期用电变化趋势等指标，如图2-40所示，让管理者能够迅速对业务状况进行监测和分析，及时调整运营策略，提高运营效率。

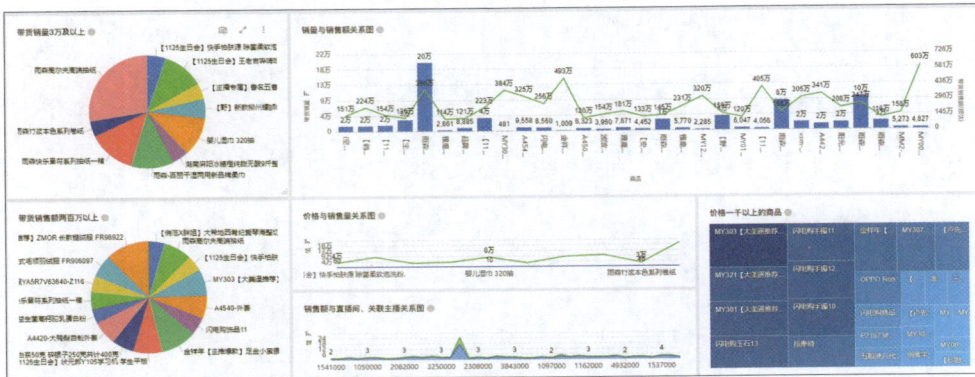

图2-40 销售数据看板页面

任务四 认知新媒体数据分析的常用方法

1. 任务概述

新媒体数据分析的常用方法主要有9种。本任务主要学习常用的3种方法，掌握使用不同方法进行数据分析的步骤。

2. 任务目标

➢ 合理选择数据分析方法

➢ 掌握常用的3种数据分析方法的使用步骤

3. 任务实施

步骤 ① 认识对比分析法

对比分析法主要包括横向对比和纵向对比。横向对比是指在同一时间段，不同总体指标的对比，如抖音中相同账号在某段时间内的粉丝量、点击量、点赞量等对比；纵向对比是指在不同时间段，同一指标的变化对比，如今年的粉丝数与去年的粉丝数对比。

通过对比分析，运营者可以直观地看到数据的变化情况，有利于发现问题、调整运营策略。图2-41是整理的某账号在各大平台的核心数据。

平台	点击量/次	粉丝数/人	点赞/次	转发/次	评论/条	弹幕/条
抖音	99	123	12	10	33	23
微博	23	22	0	0	0	0
微信公众号	12	8	0	0	0	0
哔哩哔哩	22	10	11	6	13	20
其他	12	2	0	0	0	0

图2-41 某账号在各大平台的核心数据

通过对比分析可以发现，该账号在抖音上运营情况最好，其次是哔哩哔哩，微博、微信公众号和其他平台的运营状况不佳。这说明运营者接下来需要将账号重点投放到抖音、哔哩哔哩上运营，将微信公众号、微博以及其他平台作为辅助平台。

步骤 2 认识分组分析法

分组分析法是根据研究目的和研究对象的内在特点，将数据划分为不同的组别，以便进一步分析，得到不同数据之间的相互关系的方法。利用分组分析法进行数据分析的时候需要注意各个小组之间需相互独立，每个数据有且仅有一个所属组，这样才能保证数据既不被遗漏又不会重复出现。

在分析用户属性数据的时候，经常会使用分组分析法，观察用户的性别特征、年龄特征以及地区特征等。使用分组分析法分析某平台的微信公众号的粉丝性别分布，如图2-42所示。

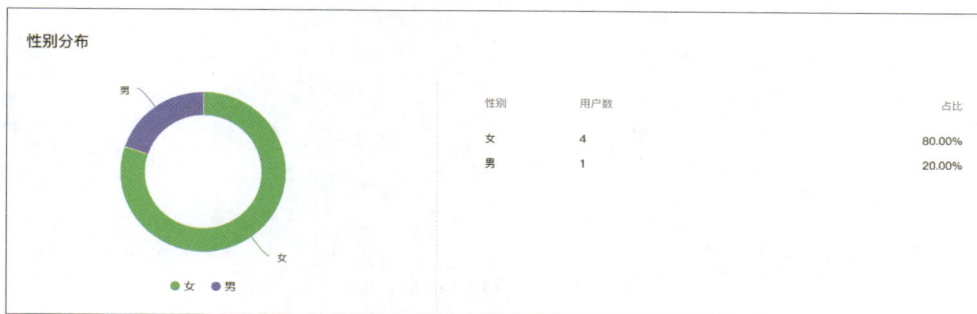

性别	用户数	占比
女	4	80.00%
男	1	20.00%

图2-42　粉丝性别分布

步骤 3 认识回归分析法

回归分析法研究的是变量之间的因果关系。它通过建立模型，可以预测数据发展走势，帮助运营者掌握产品或者账号的运营情况。图2-43所示为收集到的某账号连续半个月发布内容后的账号运营情况。

发布日期	点赞量/次	评论量/条	转发量/次	粉丝增加量/人
6月1日	563	453	12	5
6月2日	564	454	13	6
6月3日	565	455	14	7
6月4日	566	456	15	8
6月5日	567	457	16	9
6月6日	568	458	17	10
6月7日	569	459	18	11
6月8日	570	460	19	12
6月9日	571	461	20	13
6月10日	572	462	21	14
6月11日	573	463	22	15
6月12日	574	464	23	16
6月13日	575	465	24	17
6月14日	576	466	25	18
6月15日	577	467	26	19

图2-43　账号运营情况

将数据导入分析平台，选择"趋势图"，得到这段时间内的粉丝增加趋势，如图2-44所示。

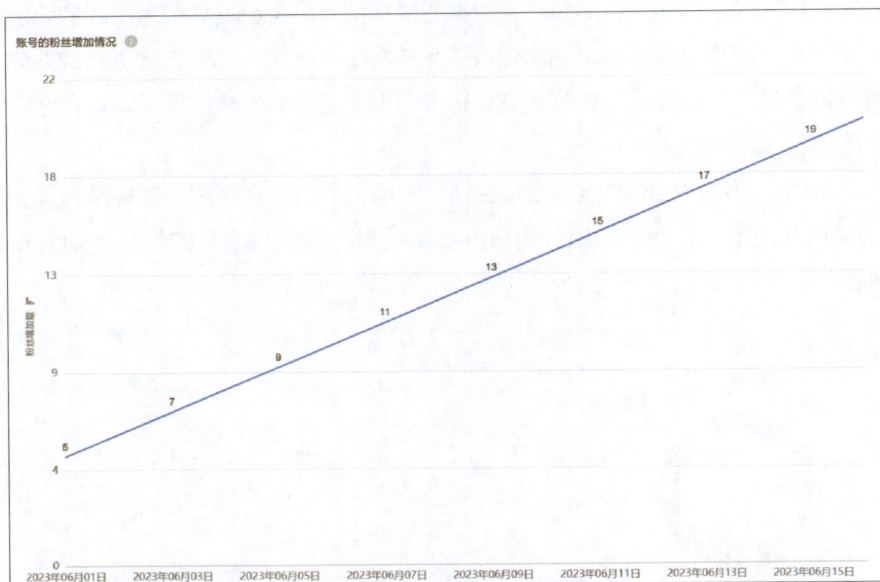

图2-44　账号粉丝增加趋势

使用系统自动预测模型进行分析，得到预测结果如图2-45所示。

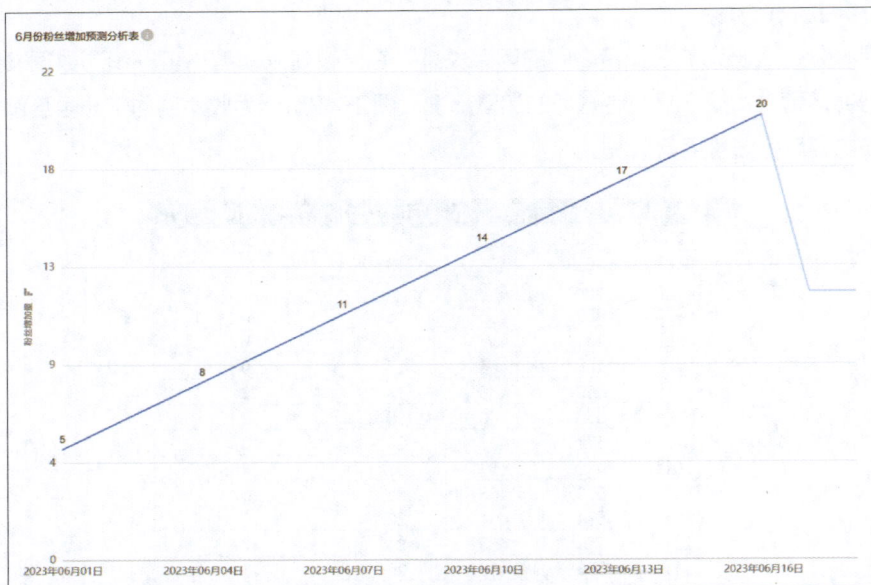

图2-45　预测结果

项目小结

本项目介绍了新媒体数据的采集途径与方法，列举了新媒体数据的整理方法以及新媒体数据分析方法，重点介绍了新媒体数据分析工具——北测数字数据分析平台的使用方法。通过本项目的学习，读者可以初步掌握新媒体数据的采集、整理、分析工具与方法的使用等相关知识。

拓展实训

（1）使用相关工具，收集新媒体平台，如抖音、微信公众号、微博等平台某运营账号的用户数据、直播数据，并进行数据整理。

（2）对于商家来说，数据分析是非常重要的，产品管理、价格管理、营销管理等都需要用到数据分析，利用数据分析来发现产品陈列问题、上新问题、营销问题等，可以有效提升店铺的销售收入和销售能力。

下面根据提供的"某平台才艺技能达人数据"，使用北测数字数据分析平台对该数据进行分析，完成以下任务。

① 对数据进行探索式分析，找到有价值的关键数据与核心指标。

② 利用看板制作图表，选择合适的数据可视化图表，对分析指标进行统一展示，制作合适的数据看板。

③ 归纳总结分析结果，给出合理的建议。

项目三
短视频数据分析

项目概述

近几年，随着短视频行业的快速崛起，以抖音为代表的短视频平台以全新的信息传播模式吸引了大量的流量，也成为大量企业、机构、媒体和创作者热爱的新媒体之一。在运营短视频账号的过程中，短视频运营者想要准确判断和了解账号的运营效果，打造流量火爆的短视频，除了创作更具价值、更具特色的优质内容外，还需要进行细致的数据分析，这样才能更好地运营一个账号，从而促进收益的增长。

本项目将详细介绍短视频运营数据分析与应用的知识，通过分析这些指标，短视频运营者可以更好地了解用户行为、内容效果以及平台运营情况，从而优化策略和提高用户体验。

学习目标

知识目标
➢ 了解短视频以及短视频数据分析的意义
➢ 掌握短视频的相关数据及其意义
➢ 掌握短视频数据分析的主要指标
➢ 了解短视频的常见平台
技能目标
➢ 能分析短视频账号数据，制定账号整体运营策略
➢ 能分析短视频视频数据，为打造"爆款"视频做准备

> ➤ 能分析短视频粉丝数据，确定账号的用户画像

素质目标

> ➤ 培养尊重数据、实事求是、科学严谨的精神和态度
> ➤ 增强深入挖掘数据的洞察力

学思融合

第52次《中国互联网络发展状况统计报告》显示，截至2023年6月，我国网民规模达10.79亿人，短视频用户规模达10.26亿人。从2012年短视频开始走入大众视野，到当前成为全民化应用，短视频以精练直观的内容呈现和高效碎片化的传播形式迎合了人们的信息消费偏好，实现了对内容消费者的"注意力抓取"。

在"数据为王"的新媒体时代，数据已成为影响决策、推动创新和提升效率不可或缺的资源。数据分析对短视频运营者掌握短视频各项情况、调整营销策略、设计短视频内容具有十分重要的作用。通过以上内容，短视频运营者可以得到一些启发。

（1）用户为王。在数字媒体领域，用户的需求和反馈至关重要。通过数据分析，短视频运营者可以更好地了解用户的兴趣和行为，从而提供更加个性化和有价值的体验。用户数据是一个宝贵的资源，值得精心维护和利用。

（2）数据驱动决策。数据不仅可以用来反馈和评估，还可以成为战略决策的基础。短视频运营者可以利用数据来优化内容、广告、用户体验等，从而提高业绩并保持竞争力。

（3）创新与改进。数据分析可以揭示成功和失败背后的原因。通过分析用户行为和趋势，可以推动创新，改进产品和服务，满足不断变化的市场需求。

（4）思维方式的调整。数据不仅仅是一堆数字，它代表着用户的行为、需求和期望。运用数据分析的思维方式，可以帮助短视频运营者更好地满足用户需求、提高效率，进而在数字化时代取得成功。

知识基础

一、短视频及短视频数据分析概述

1. 短视频概述

短视频是指在各种新媒体平台上播放的、适合在移动状态和短时休闲状态下观看

的、高频推送的视频内容，时长为几秒到几分钟不等。短视频内容融合了技能分享、幽默搞怪、时尚潮流、社会热点、街头采访、公益教育、广告创意、商业定制等主题。由于其内容较少，可以单独成片，也可以成为系列栏目。随着移动终端的普及和网络的提速，短平快的大流量传播内容逐渐获得各大平台、粉丝和企业家的青睐。

随着网红经济的出现，视频行业逐渐崛起一批优质用户生成内容（User Generated Content，UGC）制作者，微博、抖音、快手、今日头条纷纷入局短视频行业，招募一批优秀的内容制作团队入驻。截至2023年6月，我国短视频用户规模已突破10亿人，短视频成为非常受欢迎的娱乐和社交方式之一。

短视频制作并没有像微电影一样具有特定的表达形式和团队配置要求，短视频具有生产流程简单、制作门槛低、参与性强等特点，又比直播更具有传播价值，较短的制作周期和趣味化的内容对短视频制作团队的文案以及策划功底有一定的挑战。优秀的短视频制作团队通常依托于成熟运营的自媒体或知识产权，除了有高频稳定的内容输出，也有强大的粉丝渠道。短视频的出现丰富了新媒体原生广告的形式。

目前，许多短视频还具有强大的带货能力，能够实现流量的变现。在运营短视频的过程中，短视频运营者除了要创作更具价值、更具特色的优质内容，还需要掌握一些技巧。做短视频运营，并不是简单拍视频、配音乐、发布到平台就完成了，想要更好地运营一个账号，必须进行数据分析。短视频数据分析直接决定了运营者的内容方案、引流方案、变现方案、账号布局、内容布局、粉丝布局等内容。

2. 短视频数据分析的含义

短视频数据分析是对短视频平台上的用户行为和内容进行统计和分析的过程。通过对短视频数据进行分析，短视频运营者可以了解用户的兴趣偏好、行为习惯和社交互动情况，从而更好地了解用户需求，优化内容推荐和平台运营策略。

从微观角度，即只针对短视频这一新媒体形式本身，短视频数据分析是指根据视频的播放量、点赞量、评论量、分享量以及粉丝增加数，对账号内容和发布情况进行调整，包括视频主题、内容、文案、类型、封面、标题等。

从宏观角度，短视频数据分析则需要从多个方面入手，包括账号数据分析、视频数据分析、粉丝数据分析、热门数据分析等。

总之，短视频数据分析是对用户行为和视频内容进行深入分析的过程，合理利用数据，可以帮助短视频平台更好地满足用户需求，提供个性化的服务和内容推荐，同时也有助于广告主更精准地投放广告，提高市场竞争力。

3. 短视频数据分析的作用

在运营过程中，每项数据都是有其存在的意义的，每项数据都代表了用户对内容的反馈，作为短视频运营者，必须清楚地知道数据代表什么，并且能够通过这些数据给出一个优化短视频运营的方向。对短视频运营者来说，数据分析是一项必备的能力，不论是微信公众号、微博还是短视频都需要数据分析。短视频运营者都知道，制作短视频的根本目的不仅仅是增加粉丝量或者迎合市场，还有获客与变现。短视频数据分析的主要作用如下。

➢ **受众洞察**。短视频数据分析可以提供有关受众特征、兴趣和行为的深入洞察，帮助创作者更好地了解自己的受众，以便有针对性地创作内容。

➢ **内容优化**。通过分析受众反馈、播放量、互动率等指标，创作者可以了解哪种类型的内容更受欢迎，并进行相应的调整和优化。

➢ **平台运营**。通过分析用户活跃度、留存率、转化率等指标，了解平台的整体运营情况，发现问题和机会，制定相应的运营策略和改进措施。

➢ **平台趋势预测**。了解短视频平台上的流行趋势、热门标签和挑战，有助于创作者和品牌更好地融入短视频平台生态，提高内容质量和可见性。

➢ **商业价值提升**。通过分析广告点击率、转化率、收入等指标，评估广告投放效果，为广告主提供数据支持，优化广告投放策略，提升商业价值。

➢ **竞争对手分析**。通过分析竞争对手的表现和策略，创作者和品牌可以了解市场竞争态势，从而更好地调整自己的战略。

总之，短视频数据分析的目的是通过深入理解用户行为和内容表现，为平台运营、内容创作和商业决策提供数据支持，以实现用户满意度的提升和商业价值的最大化。短视频数据分析使用多种指标来量化和评估内容的表现、受众互动以及平台的发展趋势，其数据指标主要体现在短视频账号数据、视频数据、粉丝数据等方面，短视频运营者在进行短视频数据分析的时候需要根据具体需求选择数据，例如在分析账号直播带货情况时，需要重点关注直播带货相关数据。

二、短视频账号数据

短视频账号数据是指特定短视频账号在短视频平台上产生的各种统计信息和指标，用于评估该账号的表现、受众互动以及社交媒体影响力。以下是短视频账号数据中常用的基础数据和相关数据。

1. 基础数据

（1）获赞量。表示账号发布的短视频或其他内容收到的点赞或喜欢的数量。获赞量是评估内容质量和受欢迎程度的关键指标。更多的点赞通常表明内容受到观众的肯定，有助于提高内容在平台上的可见性。

（2）关注数量。表示账号关注其他账号的数量。这是账号主动选择其他账号的行为，通常是因为其对其他账号的内容感兴趣。关注数量是衡量账号在平台上建立社交网络广度与深度的重要指标。更多的关注者通常表示账号的内容受欢迎，而账号关注其他账号也可能表示其对特定内容或账号感兴趣。

（3）粉丝数量。表示其他账号关注账号的数量，代表着账号在平台上积累的关注者（即粉丝）数量。粉丝数量是衡量账号在平台上的受欢迎度和社交媒体影响力的关键指标。更多的粉丝意味着账号的内容更具吸引力，同时也增加了账号在平台上的影响力。图3-1所示为抖音上某账号的基础数据情况。

2.9亿 获赞　**221** 关注　**789.6万** 粉丝

图3-1　抖音上某账号的基础数据情况

图3-2为抖音数据中心提供的账号数据情况。数据中心每日10点更新账号数据总览，以雷达图的形式展示某账号与同类账号在播放量、互动指数、投稿数、粉丝净增、完播率等方面的情况。同时，针对这些方面的数据给出了相关诊断建议。短视频运营者可以通过数据诊断查看平台给出的运营建议。

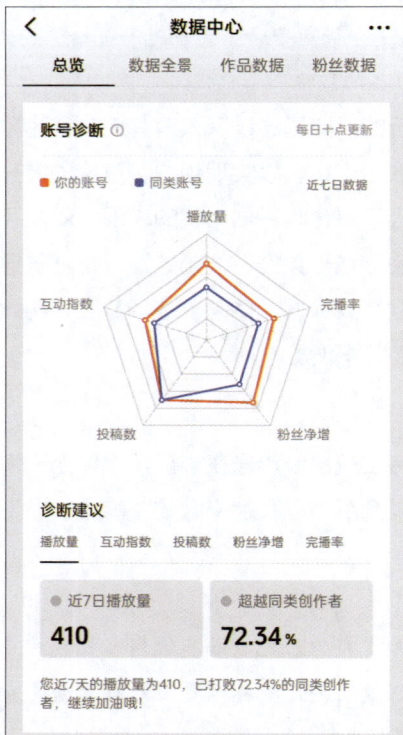

图3-2　抖音数据中心提供的账号数据情况

数据中心"核心数据概览"提供了"昨日""近7日""近30日"的流量分析、互动分析和粉丝分析以及相应的诊断分析。图3-3为某账号核心数据概览情况。

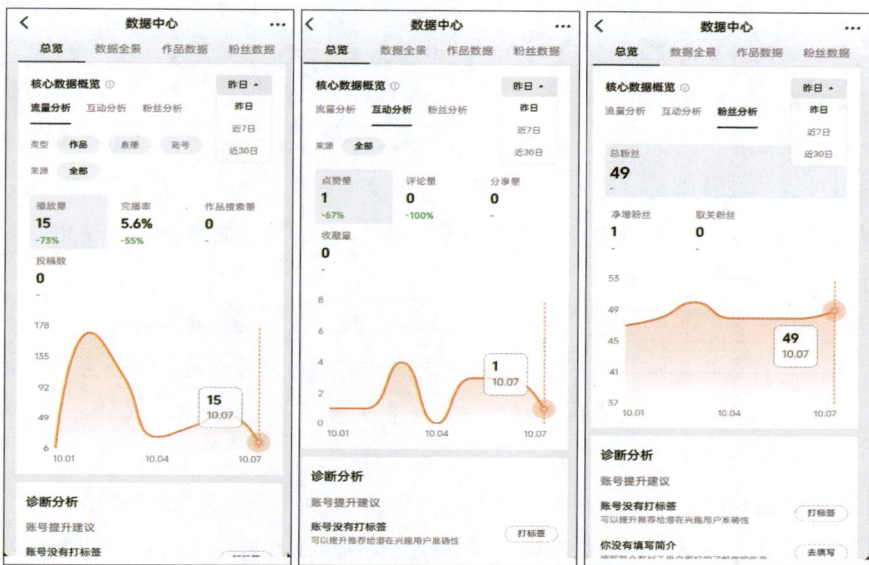

图3-3　某账号核心数据概览情况

2. 相关数据

目前各种专业的第三方数据平台在数据分析方面做得都非常好，提供了大量可供参考的数据情况。值得注意的是，第三方数据平台提供的页面或者数据内容会随着软件版本的更新而发生一些变化。下面是某些平台提供的一些账号相关数据，供参考。

➢ **账号排行情况**。账号排行情况是账号运营者需要关注的数据之一。通过查看账号排行情况，账号运营者可以判断账号的运营情况和发展潜力。账号排行情况一般可以通过第三方数据平台查看。

➢ **账号指数**。账号指数是一个综合性指标，通常由平台算法综合考虑用户的关注者数量、互动率、发布频率等多个因素而计算得出分数。这个分数用于评估账号在平台上的整体活跃度和影响力。账号指数因平台不同而有所区别。

➢ **平均点赞数**。平均点赞数是账号发布的所有作品获得的点赞总数除以作品总数的平均值。通过了解每个作品的平均点赞数，可以掌握单个作品的受欢迎程度。

➢ **作品数**。作品数是某账号在平台上发布的短视频作品的总数量。作品数反映了该账号在平台上的活跃度和内容生产频率。

➢ **评论总数**。评论总数是账号发布的所有作品获得的评论的总数量。评论总数可以衡量账号与用户互动的程度。

➤ **分享总数**。分享总数是账号发布的所有作品被其他用户分享的总数量。它反映了账号内容的传播程度，分享总数越大，账号的内容在平台上的可见性越高。

➤ **粉丝增量**。粉丝增量指的是在特定时间段内，一个账号关注者或粉丝数量的变化。较高的粉丝增量通常表示更多的人对该内容感兴趣。粉丝增量又分为"近7天粉丝增量""近30天粉丝增量"等。

➤ **点赞增量**。点赞增量是指特定内容（例如社交媒体帖子、博客文章、视频等）的点赞数量在一段时间内的变化。较高的点赞增量可能表明内容受到用户的积极反馈，用户认为内容有价值或有吸引力。点赞增量又分为"近7天点赞增量""近30天点赞增量"等。

➤ **评论增量**。评论增量表示特定内容的评论数量在一段时间内的变化。评论通常反映了用户对内容的反馈、观点、问题或互动。较高的评论增量可能表示用户对内容感兴趣，愿意与内容创作者或其他用户进行对话或互动。评论增量又分为"近7天评论增量""近30天评论增量"等。

在不同数据平台，可以查到不同的数据，运营者需要根据自身情况进行选择。

图3-4是飞瓜数据平台提供的某账号的数据情况。通过数据概览，运营者可以查看某账号"今天""昨天""7天""15天""30天"等数据或者运营者想看的任意某段时间内的数据。另外，运营者可以根据需要选择自己想看的数据进行展示，图3-4展示的是账号数据中粉丝数的近7天的增量情况，运营者可以得到账号的粉丝增量数据，便于进行分析。运营者也可以选择其他想看的相关数据，如直播粉丝增加情况、视频与直播的相关数据等。

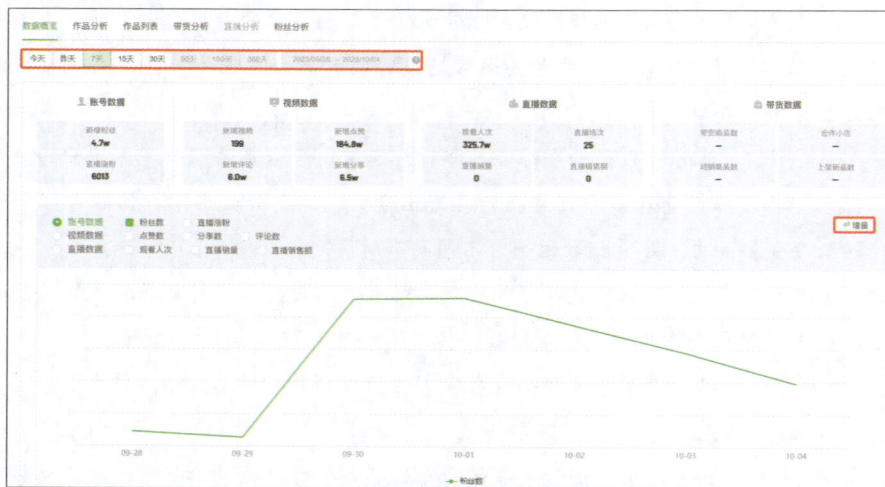

图3-4　飞瓜数据平台提供的某账号的数据情况

图3-5是抖查查提供的关于某账号的基础数据以及新增数据情况。

图3-5　抖查查上某账号的基础数据以及新增数据情况

↘ 三、短视频视频数据

短视频的视频数据是指某视频内容发布在短视频平台上后一段时间内产生的各种数据信息。这些数据提供了视频播放表现、观众互动和受众群体的情况。以下是一些常见的短视频的视频数据和相关指标。

1. 固有数据

固有数据是在视频制作、发布的过程中产生的且不可通过外力进行改变的固定指标。比如，发布时间、视频时长、发布渠道等，这些都是视频发布后的固有数据。

2. 播放数据

视频拍摄完成后发布到各个渠道，接下来运营者最关注的就是播放情况。视频的播放情况要通过两个方面进行评估：实际的结果量，即累计播放量；同期相对播放量、对比播放量。除此之外，播放量相关指标还有平均播放时长、完播率、2s跳出率、平均浏览数、展开率等。

➢ **播放量**。视频被观看的总次数。播放量是分析视频时最直观的数据。播放量可以直接说明一个短视频的受欢迎程度。短视频播放量意味着内容的曝光量，也就是说，可以通过播放量估计有多少人看到了这个短视频。

➢ **平均播放时长**。平均播放时长=总播放时长/总播放次数。它通常用来了解观众在观看内容时平均停留的时间。这个指标可以用来评估内容的吸引力。

➢ **完播率**。完播率=完整的播放数/总播放次数。短视频完播率越高，其获得系统推荐的概率就越大。提升完播率的方法是缩短视频时长、视频节奏不拖沓、视频开头吸引人或者留下悬念。抖音数据中心还能提供5s完播率情况，它指的是作品播放时长达到5s的被观看次数与作品被观看总次数的比值。

➤ **2s跳出率**。2s跳出率是用户在观看短视频时前2s内离开的指标。2s跳出率=2s内离开视频的用户数/总用户数。这个指标可以用来衡量视频对用户的吸引力。

➤ **平均浏览数**。平均浏览数是指在短视频平台上发布的视频的平均观看次数。这个指标用来衡量每个视频的受欢迎程度和观众互动水平，以及可用于了解哪些视频在平台上表现最好。平均浏览数=总观看次数/视频总数量。

➤ **展开率**。展开率是指用户在浏览短视频平台时点击或展开视频详情页的比率。展开率可以用来衡量用户对某视频的兴趣程度。展开率=点击或展开视频详情页的次数/浏览视频的总次数。

对短视频运营者来说，应对视频播放量进行分析，找到共同的规律。找到规律意味着解开了"流量密码"，打开了成功的大门。如短视频运营者收集播放量排名前50的视频，分析视频的选题内容、视频的标题关键词，可以知道用户对哪些内容比较关心，标题多少个字为宜，标题中哪些关键词的视频推荐量比较大。这些通过数据分析发现的规律可靠性更高，对指导短视频运营者日后的工作有着重要的参考价值。图3-6所示为某抖音账号视频作品的播放情况。

图3-6　某账号视频作品的播放情况

通过图3-6可以看出，该账号已经发布72个作品，按照作品热度从高到低进行排序。该账号播放量最高的作品排在第一位，播放量为203.1万次，远超其他视频作品，账号里也有播放量不到1万次的作品。

图3-7所示为抖音数据中心提供的某作品播放数据情况。

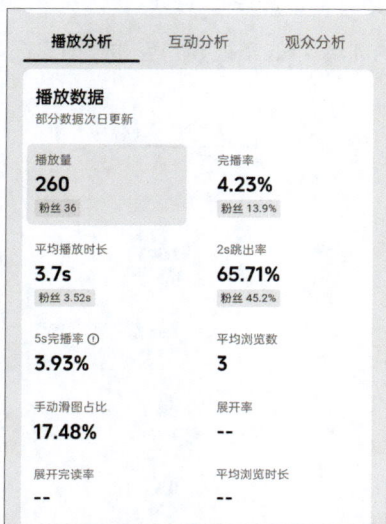

图3-7　抖音数据中心提供的某作品播放数据情况

3. 互动数据

短视频发布并产生曝光后，会进一步产生互动数据。互动数据就是经常提到的点赞、评论、转发和收藏的数据，这些都是观众和短视频互动产生的数据。

➢ **评论量**：短视频获得的评论数量。它反映了短视频引发用户产生共鸣、关注和讨论的程度。

➢ **评论率**：评论率=评论量/播放量。评论率反映了用户在观看短视频后进行互动的意愿。

➢ **点赞量**：短视频获得的点赞数。点赞量越大，意味着用户对短视频的喜爱程度越高，那么短视频的推荐量也会呈几何式增长。

➢ **点赞率**：点赞率=点赞量/播放量。短视频的点赞率越高，所获得的推荐量就越高，短视频的播放量就会提升。

➢ **分享量**：短视频被用户分享的次数。短视频被转发的次数越多，所获得的曝光量就会越高，播放量也会越高。

➢ **分享率**：分享率=分享量/播放量。分享率反映了用户在观看短视频后向外推荐、分享短视频的欲望，通常分享率越高，为短视频带来的流量就越多。

➢ **收藏量**：短视频被收藏的次数。收藏量反映了用户对短视频内容的肯定程度。收藏量多，反映出用户对短视频内容的喜欢和肯定。收藏量多的短视频可以为创作者以后的创作内容提供参考。

➤ **收藏率**：收藏率=收藏量/播放量。收藏率是指在短视频平台或者社交媒体上，用户对某个短视频进行收藏的比例或者数量。

图3-8所示为抖音数据中心展示的某视频的互动数据情况。

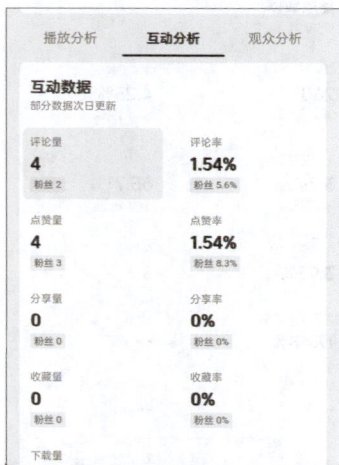

图3-8　某抖音账号的某视频作品的互动数据情况

图3-9所示为抖查查展示的某账号的视频数据分析情况，主要包括视频数据概览、作品发布时间、视频时长分布情况。其中，视频数据概览主要有视频数、平均点赞数、平均评论数、平均分享数、平均收藏量等，它可以展示近7天、近15天、近30天等的各项数据情况。

图3-9　抖查查展示的某账号的视频数据分析情况

值得注意的是，抖音数据中心的作品数据中，还提供针对某视频作品的观众分析。图3-10所示为抖音某账号下发布的某个作品在20天内的观众数据分析情况。观众分析主要包括：观众特征总结、观众区域、观众城市等级、观众性别、观众年龄、观众职业、观众新老用户、观众活跃情况等数据。

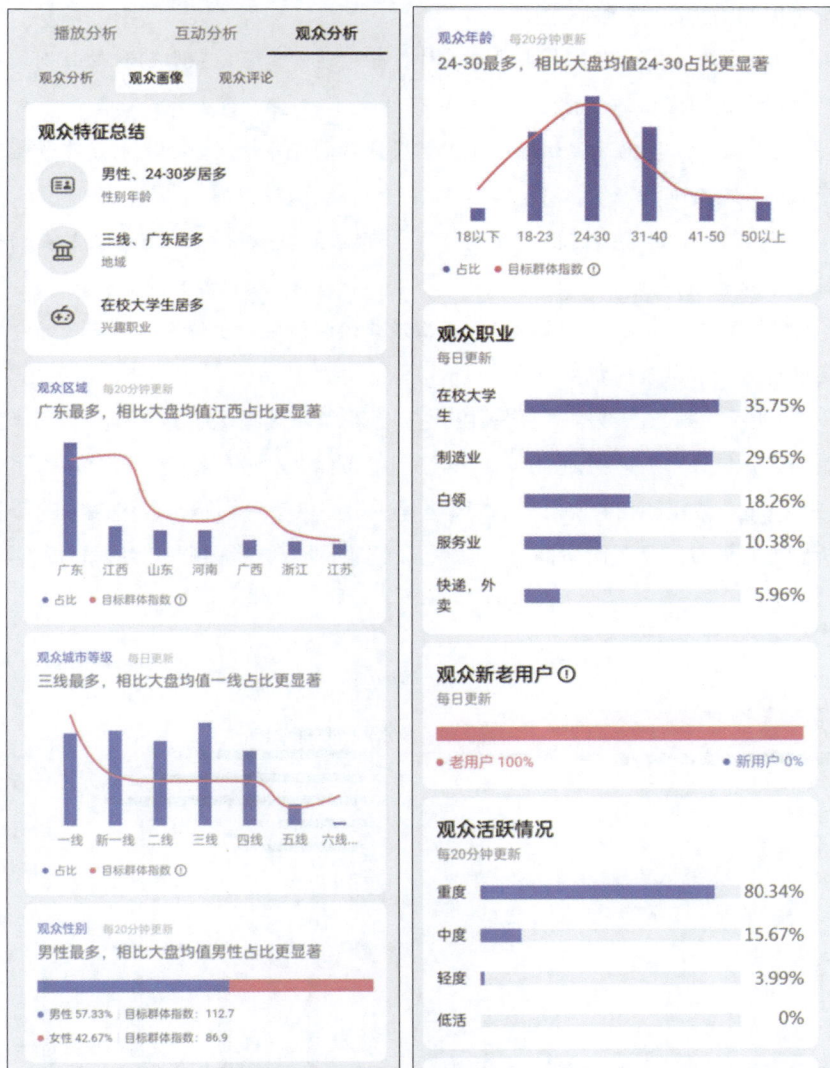

图3-10　抖音某账号下发布的某个作品在20天内的观众数据分析情况

观察抖音数据中心的某视频作品的用户数据分析情况，能够了解每个视频作品的用户数据，通过分析不同播放量的视频作品的用户数据情况，运营者可以了解用户喜欢的视频类型、视频内容以及合适的视频发布时间等信息。

↘ 四、短视频粉丝数据

短视频的粉丝数据是指有关账号在短视频平台上的观众（或称为粉丝）的统计信息和指标。这些数据提供了关于账号的社交影响力、受众特征以及互动情况的详细信息。在一些数据平台中，粉丝数据分为账号粉丝数据、视频粉丝数据以及直播粉丝数据。以下是一些常见的粉丝数据和相关指标。

➤ **粉丝性别和年龄分布**。如果平台允许，账号运营者可以获取粉丝的性别和年龄分布数据，这对定制内容以迎合特定受众非常有用。

➤ **粉丝地理分布**。描述关注者所在国家或地区的分布情况。这有助于账号运营者了解账号受众的地理分布特征。

➤ **粉丝兴趣**。描述粉丝可能的兴趣领域，可以通过分析他们在平台上的互动行为和关注的标签等信息获得。

➤ **粉丝活跃时间**。描述关注者在平台上活跃的时间段。了解这些时间段的分布有助于账号运营者选择在最佳时机发布内容。

图3-11所示为第三方数据平台提供的短视频粉丝基础画像中的性别分布和年龄分布的数据情况。从图3-11中可以看出粉丝的性别分布和性别分布趋势，以此可以了解账号的群体性别特征，为以后的视频内容、风格等决策提供参考思路。通过图中的年龄分布可以分析出账号受众的年龄阶段情况，以此可以了解账号更受哪个年龄段群体的喜爱。

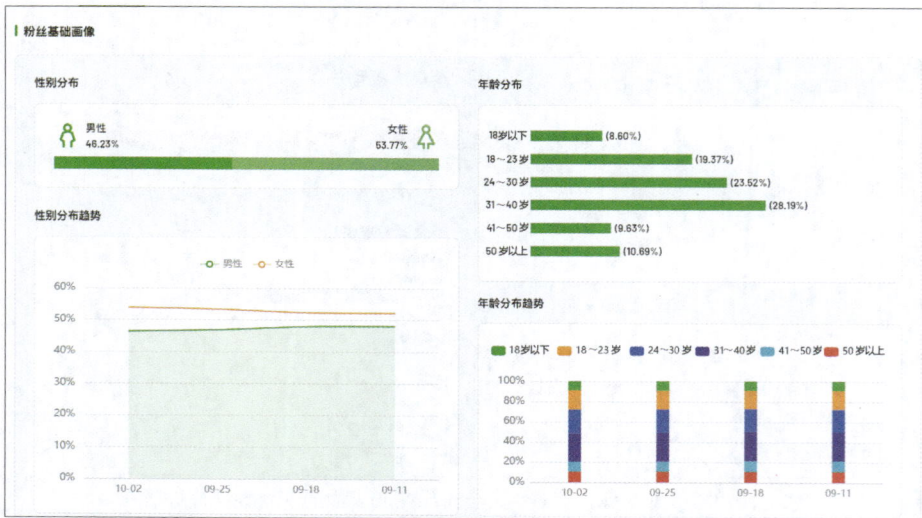

图3-11 短视频粉丝基础画像——性别分布和年龄分布

图3-12所示为平台关于短视频粉丝基础画像中粉丝最感兴趣的内容情况。它展示了粉丝感兴趣的内容选题，为账号运营者日后进行视频内容策划提供方向。

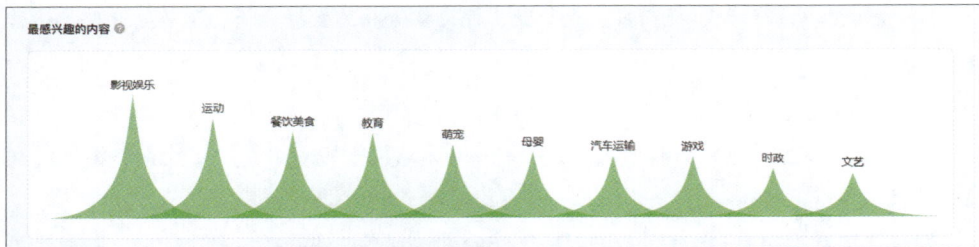

图3-12　粉丝最感兴趣的内容

图3-13所示为短视频粉丝基础画像中粉丝活跃时间情况。它展示了粉丝在一天内或者一周内哪个时间段较为活跃。根据这个数据，账号运营者可以选择合适的视频发布时间。在粉丝活跃度越高的时间发布视频，视频播放量增加的概率越大。

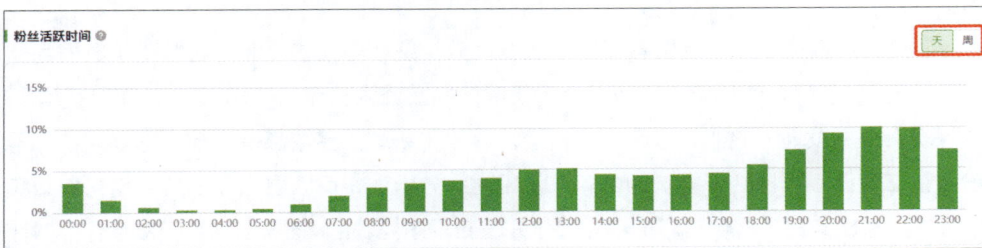

图3-13　粉丝活跃时间情况

项目实训

↘ 任务一　短视频账号数据分析，了解整体运营情况

1. 任务概述

短视频账号运营者想要客观地分析账号的整体运营情况，就需要进行账号数据分析。目前各大平台的数据分析十分专业，账号运营者只需要购买平台的会员即可监测某账号的运营数据，平台会提供十分专业直观的数据分析结果。本任务以抖音账号为例，主要通过第三方平台采集短视频账号数据的核心指标，选用相关的新媒体数据分析方法进行账号数据分析，便于读者深入了解短视频平台上的账号数据情况，以推动运营方案的策划和决策的制定。

2. 任务目标

➢　在飞瓜数据平台监测某账号数据，观察并采集账号今日、昨日、7天内、15天内、30天内的数据情况

➤ 完成账号粉丝数、视频数、点赞数、评论数等相关数据分析，了解账号整体运营情况

3. 任务实施

步骤 ① 通过今日、昨日的新增粉丝数和新增作品数，帮助账号运营者了解最新两天的运营情况

登录飞瓜数据平台-抖音版，进入其工作台，找到"关注的抖音号"板块，账号运营者可以自行添加抖音号进行监测。该页面主要提供一些关键字段的数据，如账号名称、账号头像、粉丝量、今日和昨日的新增粉丝以及新增作品。图3-14所示为平台监测某账号的数据显示情况。

	今日	昨日
新增粉丝	2.4万	6087
新增作品	25	23

图3-14 平台监测某账号的数据显示情况

通过上述数据，账号运营者可以很快发现截至统计当天，该账号新增粉丝数据为：今日新增2.4万个，昨日新增6 087个。新增作品数据为：今日新增25个，昨日新增23个。观察数据发现，该账号近两天的新增粉丝数和新增作品数都是正数，这表明该账号粉丝量在今日和昨日处于增长的趋势。使用对比分析法，可以看出今日的新增粉丝数和新增作品数比昨日多，今日新增粉丝数是昨日新增粉丝数的4倍左右，今日新增作品数比昨日新增作品数多2个。关注的抖音号字段配置页面如图3-15所示。

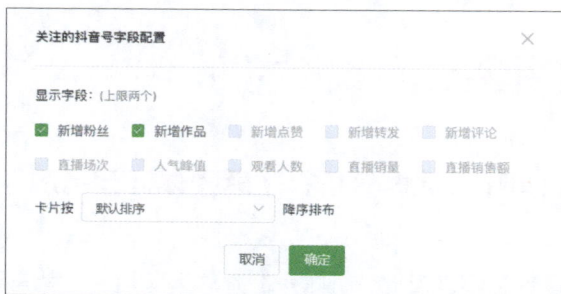

图3-15 关注的抖音号字段配置页面

步骤 ② 查看账号近7日的粉丝数据，进行粉丝趋势分析

账号的粉丝量是账号数据的核心指标，运营者通过粉丝量的增加或者减少来判断账号运营的好坏。进入"交个朋友直播间"账号，在数据概览菜单下选择"7天"数据，勾选"粉丝数"，平台将提供7天内的粉丝数据情况，平台默认显示粉丝增量的趋势图。通过图3-16所示账号7天内粉丝增量趋势图，我们可以分析出，在2023年10月1日至2023年10月7日这7天内粉丝增加趋势呈现先增后减再增的趋势。其中前2天粉丝增量逐步增加，10月2日粉丝增量达到峰值，随后增量逐渐下降，在10月5日增量达到最低值，10

月6日至7日增量缓慢增加。通过账号在这7天内的粉丝增量趋势图，运营者可以重点关注该账号在10月2日以及10月5日这两天的作品情况以及运营的策略，进而分析出粉丝增量降低与增加的相关联因素。将数据切换为"总量"，即可查看粉丝总量趋势图。

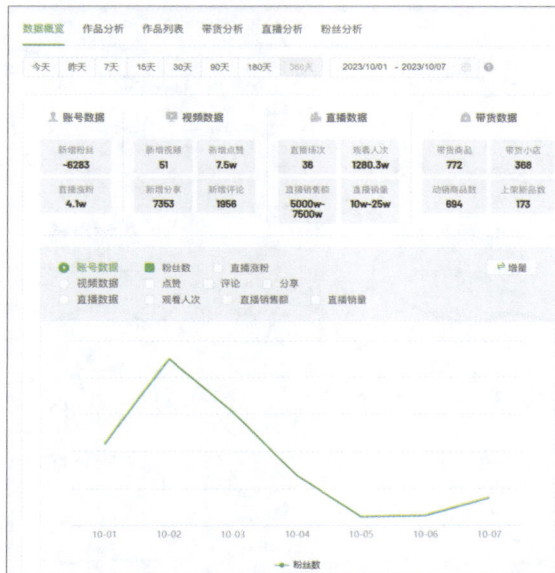

图3-16　7天内粉丝增量趋势图

在数据概览菜单下选择"15天""30天"即可查看账号15天粉丝增量、30天粉丝增量的数据以及变化趋势，进而进行更为详细的账号粉丝变化趋势分析。

步骤 3　查看账号的每日数据详情，进行新增视频、新增点赞、新增分享、新增评论等账号数据的对比分析与趋势分析

在数据概览菜单下选择"7天"，找到"每日数据详情"查看账号的详情数据，图3-17是2023年10月1日至2023年10月7日的数据情况。每日数据详情包括时间、粉丝数、点赞数、新增视频、新增点赞、新增分享、新增评论、新增粉丝等。单击右上角的"导出"按钮将数据导出到本地计算机，使用本地分析工具Excel分别对相应数据进行趋势分析。

时间	粉丝数/人	点赞数/次	新增视频/个	新增点赞/次	新增分享/次	新增评论/条	新增粉丝/人
2023.10.01	19 593 580	435 931 288	31	524 415	28 947	26 980	9 464
2023.10.02	19 601 843	436 119 356	16	188 068	4 503	4 571	8 263
2023.10.03	19 608 918	436 494 693	20	375 337	6 356	5 395	7 075
2023.10.04	19 614 668	436 786 368	14	291 675	5 607	4 061	5 750
2023.10.05	19 617 746	436 909 960	21	123 592	4 505	6 258	3 078
2023.10.06	19 634 018	437 018 148	33	108 188	9 575	16 389	16 272
2023.10.07	19 640 105	437 121 890	23	103 742	1 278	1 184	6 087

图3-17　数据情况

分别选择"粉丝数""点赞数""新增视频""新增点赞""新增分享""新增评论"与"时间"组合绘制折线图，如图3-18所示。

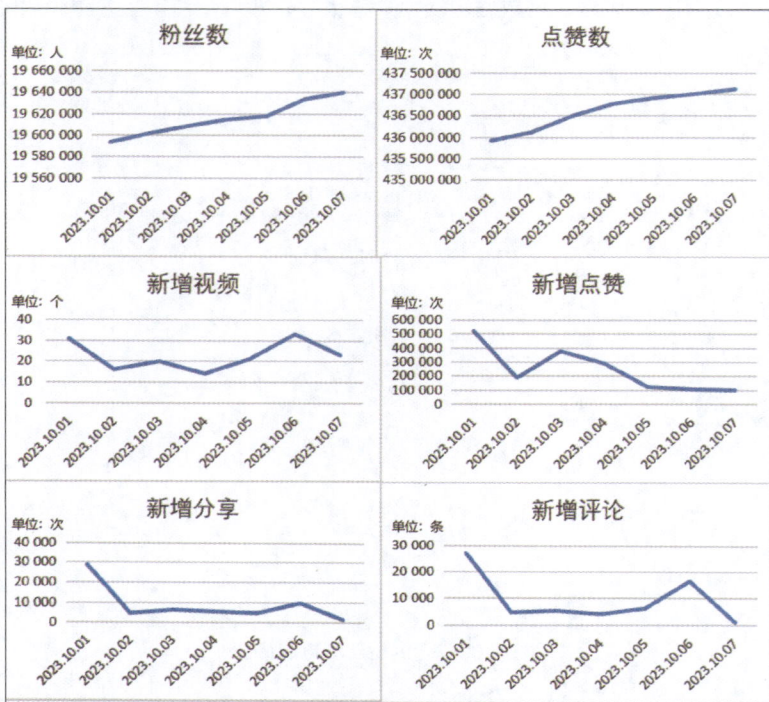

图3-18　趋势分析

通过上述对比分析和趋势分析，可以得出以下结论。

（1）该账号在7天时间内，粉丝数和点赞数随着时间逐渐增加。

（2）10月1日至10月7日，每日的新增视频、新增点赞、新增分享以及新增评论的数据都呈现上下波动的变化趋势。

（3）新增视频数多的情况下，互动数据的总体新增情况相对增加较多。其中，10月1日新增31个作品，新增点赞、新增分享以及新增评论这3个数据的增量为7天内最大。而10月6日新增了33个作品，新增点赞未出现较大增幅，新增分享与新增评论这2个数据的增量为7天内较大。

通过对这些数据进行对比分析以及趋势分析，账号运营者可以得到一些结果，可以大致推断出用户感兴趣的视频内容，给日后短视频主题内容的创作带来帮助。

账号运营者还可以分析15天内的详情数据以及30天内的详情数据，观察账号的粉丝增加量、视频量以及互动数据增量，以此判断用户喜欢的视频内容。另外，账号运营者可以收集一天当中各项数据的变化情况，分析出视频合适的发布时间。

↘ 任务二 短视频视频数据分析，为打造"爆款"视频提供依据

1. 任务概述

短视频账号运营者想要准确判断和了解运营的效果，并在此基础上打造"爆款"视频内容，就需要对发布的视频作品数据进行分析，以便更好地找到打造"爆款"视频的依据。本任务以抖音某账号为例，通过查询视频相关数据进行分析，以便账号运营者了解视频作品运营情况，提高视频质量和吸引更多用户，最终确定受用户欢迎的视频创作主题内容。

2. 任务目标

➢ 通过分析账号下视频的播放量，找到用户关注度高的视频内容以及视频标题，通过分析找出合适的视频内容和标题

➢ 通过分析视频的互动数据，找出提高这些互动数据的方法

➢ 通过分析账号的视频用户数据，了解用户画像，为打造"爆款"视频做准备

3. 任务实施

步骤 ① 找出账号下播放量排名前10的视频，分析视频的选题内容、视频的标题关键词，以此找出用户比较关心的内容，归纳播放量较好的视频标题的字数与关键词

进入抖音，点击"我"查看账号下的作品，按照热度从高到低进行排序，基本可以筛选出播放量排名靠前的视频，选出其中前10名，记录视频的选题内容、视频的标题关键词、视频时长等信息。图3-19所示为某账号的作品播放量数据。

图3-19 某账号的作品播放量数据

分析播放量排名前10的作品，可以总结出以下结论。

（1）用户对以下内容比较关心：育儿、旅行、风景等。

（2）视频标题中的关键词包括：养育、日常、出行、旅途、美景等。

（3）视频标题字数一般控制在10个字以内，过长的标题容易让用户失去兴趣。

（4）视频时长在30秒到1分钟的视频播放量较高。

上述分析的结果可以很好地帮助账号运营者制作出更受用户欢迎的视频内容。

步骤 2 统计账号下视频内容的点赞数、评论数、分享数和收藏数，进行对比分析，找到提高这些指标的方法

为了方便一次性统计相关数据，可以使用第三方数据平台提供的互动数据进行分析。图3-20所示为某账号最近发布的短视频内容的互动数据情况。分别对点赞数、评论数、分享数以及收藏量进行排序，按照每项的排序情况，进行同类项对比分析。通过分析，不难发现这些数据量高的作品都存在如下特点。

（1）视频时长较短，基本控制在1分钟以内，视频内容有趣。

（2）具有互动设置，如通过视频引导用户留言或者在视频中提出问题引发用户思考。

（3）设置有争议性、代表性的话题，引导用户在评论区表达自己的观点。

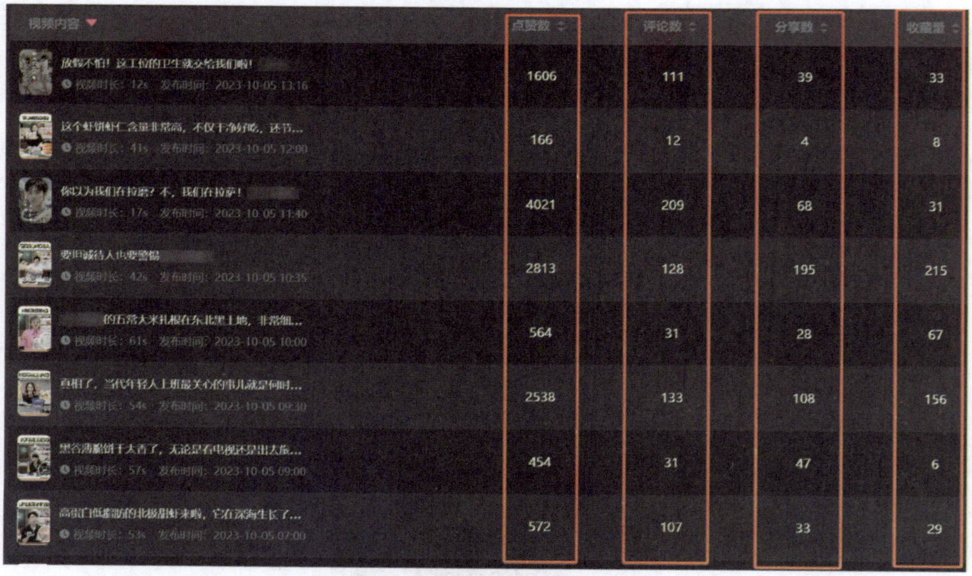

视频内容	点赞数	评论数	分享数	收藏量
放假不怕！这工位的卫生就交给我们啦！ 视频时长：12s 发布时间：2023-10-05 13:16	1606	111	39	33
这个虾饼虾仁含量非常高，不仅干净好吃，还节... 视频时长：41s 发布时间：2023-10-05 12:00	166	12	4	8
你以为我们在拉磨？不，我们在拉萨！ 视频时长：17s 发布时间：2023-10-05 11:40	4021	209	68	31
要以诚待人也要警惕 视频时长：42s 发布时间：2023-10-05 10:35	2813	128	195	215
的五常大米扎根在东北黑土地，非常细... 视频时长：61s 发布时间：2023-10-05 10:00	564	31	28	67
真相了，当代年轻人上班最关心的事儿就是何时... 视频时长：54s 发布时间：2023-10-05 09:30	2538	133	108	156
黑谷薄脆饼干太香了，无论是看电视还是出去旅... 视频时长：57s 发布时间：2023-10-05 09:00	454	31	47	6
高蛋白低脂肪的北极甜虾来啦，它在深海生长了... 视频时长：53s 发布时间：2023-10-05 07:00	572	107	33	29

图3-20 短视频的互动数据情况

通过上述分析，账号运营者在创作以及发布视频的时候应考虑设置一些互动环节，与用户产生互动，提高互动率。

步骤 3 观察账号下的10个作品的用户数据。了解某个视频的吸粉量、用户偏好、用户喜欢的话题、用户画像以及用户评论等情况

抖音数据中心会在视频发布后的20天内提供每个作品的数据分析结果。账号运营者可以直接查看用户分析结果，得到用户分析的情况、用户画像以及用户评论等数据。

↘ 任务三 短视频粉丝数据分析，确定账号用户画像

1. 任务概述

短视频粉丝数据主要是短视频账号的粉丝相关信息。进行粉丝数据分析，了解粉丝情况，有助于账号运营者了解粉丝群体特征，进而确定账号的用户画像。本任务以某抖音账号为例，通过第三方数据平台查询短视频账号的粉丝数据情况，进行粉丝数据分析，进一步确定粉丝群体特征、明确粉丝喜欢的内容方向，进而用数据来指导内容策划，通过数据来一次次地优化内容，以此吸引用户关注，增加粉丝量，增强粉丝的黏性。

2. 任务目标

➢ 查看某账号的粉丝数据情况，确定账号的用户画像

3. 任务实施

步骤 1 分析账号的粉丝性别比例，找出感兴趣的内容，增强粉丝黏性

登录第三方数据平台（这里以灰豚数据为例），通过账号名称搜索抖音达人号，单击"粉丝分析-粉丝性别分布"，查看该账号的粉丝性别分布。图3-21所示为该账号的粉丝性别分布。

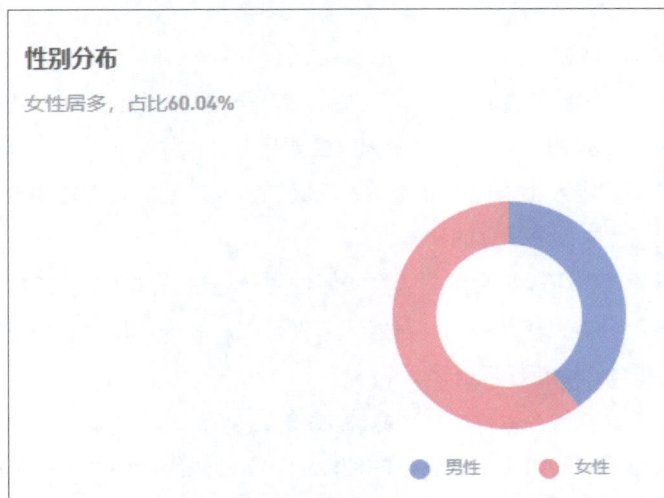

图3-21 粉丝性别分布

通过粉丝性别分布图，不难看出该账号粉丝中女性占60.04%，可算出男性占39.96%，女性粉丝多于男性粉丝。由于账号以女性粉丝为主，所以账号运营者如果想增强粉丝的黏性，就应该多发布一些女性感兴趣的内容。当然，如果该账号运营者想要快速增加粉丝，也可以站在女性用户的角度生产和发布内容，从而快速吸引更多的女性用户关注该账号。

步骤 ② 分析粉丝年龄情况，了解粉丝群体属性，发布贴合粉丝需求的视频内容

图3-22所示为该账号的粉丝年龄分布情况。

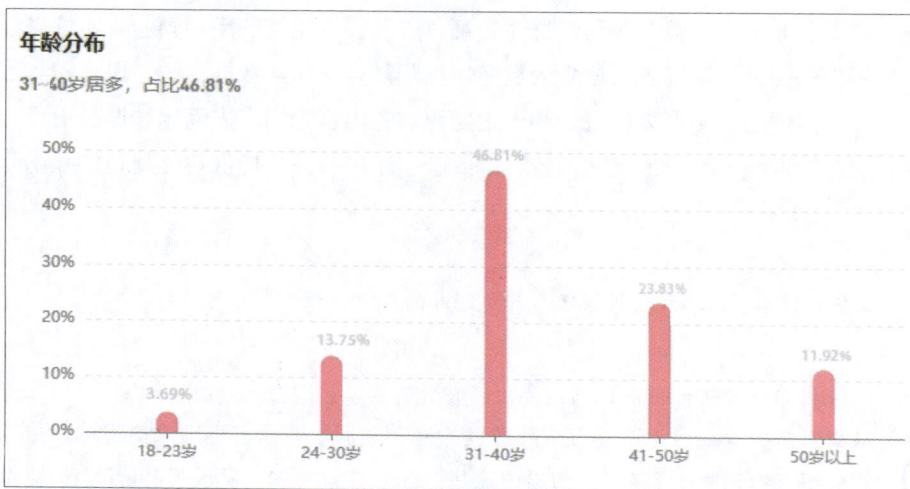

图3-22　粉丝年龄分布

通过账号的粉丝年龄分布情况，可以得到如下数据：18～23岁的粉丝占3.69%，24～30岁的粉丝占13.75%，31～40岁的粉丝占46.81%，41～50岁的粉丝占23.83%，50岁以上的粉丝占11.92%。其中，31～40岁的粉丝居多，30岁以下以及40岁以上的粉丝较少。而31～40岁这部分人群主要是有了相对稳定收入的年轻群体，可能是工作多年的资深职场人士，也可能是初入职场的新人，他们或许是刚成为父母的新手爸妈，或许是已有上学读书子女的父母。

对此，账号运营者可以结合这些人群的属性生产与其关联性更强的内容，让这些用户对该账户的内容更有兴趣。例如，账号运营者可以从职场、育儿等角度策划短视频内容，让短视频的视角更贴近粉丝群体。

步骤 ③ 分析粉丝的地域分布情况，了解粉丝的地域特征

不同的地域有不同的风土人情，不同地域的人群感兴趣的内容也不尽相同。账号运营者可以通过粉丝的地域分布了解粉丝主要分布在哪些区域，然后有针对性地在短视频内容中加入这些区域人群感兴趣的元素。图3-23所示为该账号的粉丝地域分布情况。

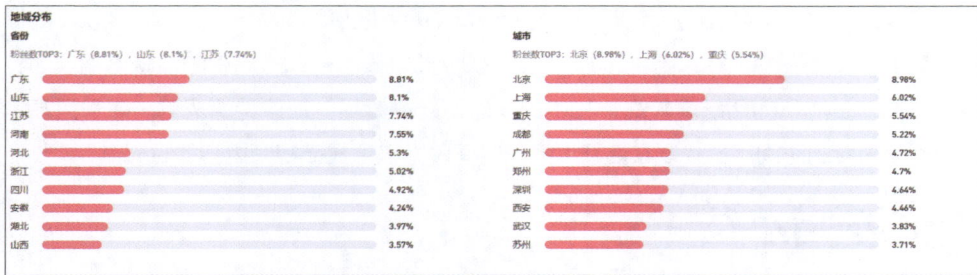

图3-23 粉丝地域分布

通过图3-23不难发现，该账号粉丝分布较多的省份主要有广东、山东、江苏、河南等，其中广东省的粉丝占比达到了8.81%。该账号粉丝分布较多的城市主要有北京、上海、重庆、成都等，其中北京的粉丝达到了8.98%。

对于具备线下实体店的账号运营者来说，掌握自己的粉丝地域分布情况十分重要，通过运营短视频，吸引同城粉丝进店消费十分关键。账号运营者需要想方设法吸引同城用户的关注。

步骤 4 分析粉丝活跃时间，掌握视频内容发布时间，以获得更多用户关注

对于账号运营者来说，了解粉丝活跃时间分布情况十分重要。分析什么时间段是用户浏览的高峰期，哪些时间发布视频的效果不佳。因为每个视频平台都有流量高峰时间，在找出各个短视频平台的流量高峰时间规律后，尽量选择在流量高峰时间段发布内容，让自己的内容获取更好的曝光量。图3-24所示为该账号的粉丝活跃时间分布情况，分别以"日"和"周"为单位进行展示。

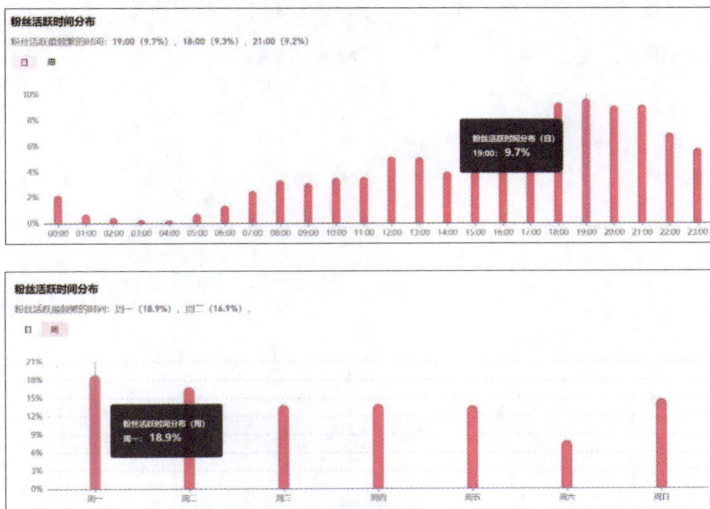

图3-24 粉丝活跃时间分布

通过图3-24不难看出，该账号粉丝在一天中的活跃度情况为：18:00—21:00的活跃度较高，其中在19:00活跃度最高，占比为9.7%。该账号在一周中的活跃度情况为：周一、周二、周日的活跃度较高，其中周一的活跃度最高。在这种情况下，账号运营者发布视频内容的时间尽量控制在活跃度高的时间段，以便提高视频内容的曝光度。

项目小结

　　本项目从短视频账号数据、视频数据和粉丝数据等方面进行分析，提出了优化短视频运营的方法，为账号运营者提供决策指导。在任务实施过程中，需要账号运营者了解短视频数据分析的目的与核心指标，掌握短视频账号数据分析、视频数据分析、粉丝数据分析相关指标等。此外，需要注意的是，在短视频数据分析中因为分析目的、任务要求和运营需求不同，需要分析的具体指标和分析方法会有所不同。因此，在每个任务中，账号运营者需要根据实际情况进行分析，以便为平台运营和内容制定提供有价值的参考和决策依据。

拓展实训

　　（1）进入短视频账号后台，查看近30天发布的各条短视频的数据，并总结出提高短视频评论量的方法。

　　（2）进入短视频账号后台，查看粉丝数据，说一说如何根据粉丝群体特征制定短视频运营策略。

　　（3）使用第三方数据平台，通过热门榜，观察排名前10的账号，分析账号内容的特点，并创作一条自己的短视频，写出短视频策划方案。

项目四
微信公众号数据分析

项目概述

　　微信已成为全民级移动通信工具。根据腾讯发布的2021年财报，微信及WeChat合计月活跃用户数达到12.68亿，财报显示，微信的用户数还在增长。微信公众平台自2012年正式上线以来，注册用户数量迅速增长，越来越多的企业或个人尝试进行微信公众号注册和运营，微信公众平台作为一种新型的社交媒体平台已经越来越受到企业或个人的欢迎。想要运营好微信公众号，让微信公众号发挥最大的价值，就需要进行数据分析。本项目将详细介绍微信公众号运营数据分析与应用方面的知识，通过对用户行为数据的监控和分析，找到用户的兴趣点和需求，制定更加科学有效的营销策略，优化用户体验，提高用户黏性和转化率。

学习目标

知识目标
➢ 了解微信公众号数据分析的含义与作用
➢ 了解微信公众号数据分析的常用指标
➢ 了解百度指数、新榜、西瓜数据等第三方数据分析工具
技能目标
➢ 掌握采集、处理微信公众号后台数据的能力
➢ 掌握微信公众号用户分析、内容分析、菜单分析和

消息分析的技能

➤ 能够灵活运用第三方数据分析工具进行微信公众号数据分析

素质目标

➤ 培养认真细致和严谨负责的精神

➤ 增强微信公众号数据分析处理的能力

➤ 增强对数据成因思考的逻辑思维能力

学思融合

　　微信公众平台，被大众简称为"公众号"。个人、企业、商家等可以通过公众号进行自媒体活动。公众号同时与社交媒体微信互联的特征可以满足用户碎片化的阅读需求，给用户带来更高效便捷的体验。用户可以在收发个人消息的同时关注公众号内推送的内容或通过他人分享发现其他内容，公众号为用户提供一种更加有效、快速了解消息的方式。因此，公众号不只拥有大众印象中独立的传播新闻资讯、娱乐等功能，随着公众号的进一步升级，其优越的服务功能进一步凸显，为自媒体经营者提供了广阔的发展空间，不少创作者通过原创文章和视频形成了自己的品牌，成为微信里的创业者。

　　微信公众号数据分析的目的是提升账号的影响力，如果账号粉丝较少，该如何通过数据分析提升账号影响力呢？

　　首先，明确数据分析的目的是解决粉丝数少、粉丝增长速度迟缓的问题。明确目的之后需要去分析用户的性别、年龄、地区等数据来勾勒出完整的用户画像。

　　其次，对数据有了初步的判断之后要去寻找账号粉丝少这一关键问题的原因。此时需要关注一切能够调动的数据，包括阅读量、粉丝数、粉丝增加数等，从中分析是什么原因造成了这一问题。

　　最后，为关键问题寻找对策和制定目标。通过数据分析，企业可以统计出用户更喜欢的操作页面、更能接受的语言表达，甚至是图片、排版等日常难以注意到的关键信息。并根据信息寻找对策、制定目标。

知识基础

↘ 一、微信公众号的类型与定位

　　微信公众平台于2012年正式上线，可以实现消息推送、品牌传播、分享等一系列活动。在微信公众平台的官网上，有这样一句深入人心的话：再小的个体，也有自己的品牌。时至今日，微信公众号在各个领域、各个行业发挥着重要的作用。对普通用户来说，微信公众号是查阅资料、了解动态、情感交流、与政府部门沟通的平台。对政府来说，微信公众号极大增强了政府与群众的联系、拓宽了服务群众的渠道，对扩大政府影响力、站稳舆论阵地有着重要意义。对企业来说，微信公众号是扩大品牌效应、维护企业形象、实现大数据精准营销、降低宣传成本的重要方式。微信公众号的类型决定着其定位，可以以官方和非官方进行简单的分类。

1. 官方公众号

官方公众号的运营主体以政府部门、企业、学校或社会组织为主。官媒的运营依赖原有产品或品牌，通过公众号的设立，进行产品的营销或者品牌的推广。由于产品或品牌本身具有一定的粉丝量和知名度，所以官媒运营在产品定位方面有许多起步优势。比如"南方航空"公众号提供线上信息查询服务，预订南航国内、国际机票，了解最新机票价格涨幅，参与线上里程兑奖等服务，让乘客体验便捷的一站式商旅服务。依据本身的航空品牌知名度，公众号可以迅速吸引南航乘客的关注和参与，不但高效率达成了公众号的运营推广，而且增强了南航品牌的竞争力和影响力。

2. 非官方公众号

非官方公众号具有更大的自由度和宽泛性，更重视自身与受众的关系。每个运营公众号的个人和团队，首先需要了解的就是自身的能力和特色，从自身出发找到自己的专业特长和兴趣方向，科学定位是公众号长期运营的基本前提。

➤ **从专业定位。** 结合自己的学习专业或工作领域对公众号进行定位，更容易提升公众号的竞争力。比如网络与新媒体专业的学生具备视频剪辑的基础，运营一个后期技巧分享类型的公众号，将比完全没有学过视频剪辑的人更加具有竞争力和专业性。

➤ **从兴趣爱好定位。** 从自己的兴趣爱好出发，比如篮球、音乐、舞蹈、漫画等方面，不但可以有兴趣参与内容创作，而且可以对兴趣领域进行不断探索。

➤ **从受众定位。** 对于一个从零粉丝开始的公众号，找到自己的目标用户就是找到自己的产品市场，所以受众定位要清晰，要尽量细化目标受众类型。比如讨论女性情感的公众号，其目标受众是成年女性；而母婴公众号的受众就是怀孕的女性或者有宝宝的妈妈。定位受众时，不但要考虑自己的个人能力，而且需要迎合受众的喜好和兴趣，这样才更容易提升粉丝增长速度并扩大影响力。

➤ **从竞争对手定位。** 新媒体市场上有多少同类型的公众号存在，发展程度如何，我们的个性化竞争力在哪里，考虑这些问题，就是从竞争对手定位。不论是哪个领域，总有已经运营了很久、吸引了一定量粉丝、做得很好的公众号存在。针对同一类型的公众号，没有经验和时长的优势，寻找差异、寻找个性化就成了提高竞争力的重要手段。比如同样是生活科普公众号，有更多专业的、权威的科普号存在，那么就可以从角度更有趣、门槛更低、表达更容易、让每个人理解等方面，寻找自己的特色竞争力。找到自己的特色竞争力，并不断地进行强化，打造自己的品牌。

二、微信公众号数据分析的含义与作用

在数据驱动运营的时代，数据是运营行业的核心要素，微信公众号也不例外。微信公众号的优质内容不仅需要创作者有较好的文笔，还需要一次次数据反馈后的纠错与打磨。微信公众号的数据统计功能于2013年8月29日正式上线，至此，微信公众号的用户数据可以实现量化分析。微信公众号运营者除了做好日常的编辑、发布工作，还要保持对数据的敏感度，因为这些数据能够反映真实的运营效果，从而为进一步优化工作提供支撑。理解微信公众号数据分析，对微信公众号运营主要有以下意义。

➤ 了解用户增长趋势和用户属性特征，构建用户画像。

➤ 分析图文阅读量增长变化趋势，了解用户内容喜好，从而优化内容并找准推送时间。

➤ 对用户来源渠道和图文消息传播渠道进行分析，判断用户来源，了解核心用户所在渠道，方便为产品传播造势。

➤ 了解微信公众号数据分析，能够帮助微信公众号运营者发现问题，并优化各项运营数据，使运营者更好地运营微信公众号。

✎ 课堂讨论

你都关注了哪些微信公众号？为什么？

微信公众号每天会生产出海量的数据，数据分析需要一定的指标对这些海量数据进行衡量。微信公众号后台数据统计与抖音、小红书和微博等自媒体平台既有相似性又有不同之处。登录微信公众平台，后台左侧的"统计"菜单栏有一系列数据分析选项，包括用户分析、内容分析、菜单分析、消息分析、接口分析、网页分析6项内容。其中，接口分析和网页分析主要是指做了单独开发的微信公众号的数据统计分析，一般微信公众号很少会用到这2项分析，因此，大多数微信公众号运营者需要重点掌握的是前4项内容。

三、微信公众号用户分析

用户分析指标是数据分析最基础的指标，在微信公众号后台选择"统计"—"用户分析"，即可查看微信公众号用户分析内容。用户分析包括用户增长、用户属性和常读

用户分析3项内容。其中用户增长数据和用户属性数据，分别对应微信公众号的粉丝增加量和用户画像，是微信公众号运营者需要重点掌握的数据。通过对用户增长数据进行分析，微信公众号运营者可以了解账号粉丝增长趋势和原因；通过对用户属性进行分析，微信公众号运营者可以更加熟悉粉丝情况。

1. 用户增长

用户增长就是通常所说的粉丝增加情况，在微信公众号后台单击"用户增长"，微信公众号运营者（简称"运营者"）可以看到该账号用户增长模块关键的指标数据分析面板内容（见图4-1），从而了解微信公众号粉丝人数变化情况。

图4-1 用户增长分析

➤ **用户增长量分析**：包含新关注人数、取消关注人数、净增关注人数、累积关注人数4个关键指标。新关注人数和取消关注人数是公众号粉丝增加和粉丝减少的数据；净增关注人数是新增人数与取消关注人数之差，而累积关注人数是当前关注公众号的总人数。

➤ **昨日关键指标**：针对公众号昨天的关注人数变化，将其与1天前、1周前、1月前的关注人数进行对比，体现公众号粉丝人数日、周、月的百分比变化。

➤ **关键指标详解趋势图**：可以选择7天、15天、30天或某个时间段，查看关键指标在该时间段内的详解趋势图，也可以对某个关键指标按时间进行对比。

➤ **新增用户增长来源**：单击页面中的"全部来源"下拉按钮，运营者能看到新增用户关注公众号的几个主要途径，即搜索公众号名称、搜索微信号、图文消息右上角菜单、名片分享、其他来源（通过二维码关注）等。

在用户增长分析中，运营者要重点关注新关注人数和取消关注人数突然发生变化的时间节点。由图4-1可以看出，从2021年4月15日到4月17日，该公众号的新关注人数突然持续增多，并在4月17日达到峰值。因此，运营者应当对相应时间段的发布内容进行研究，如分析其在选题、标题设置、文章排版、传播渠道等方面哪些做得比较好，是什么原因吸引众多用户关注了公众号。同样，运营者若发现取消关注人数在某个时间段突然增多，也应该分析这种情况出现的原因。同时，通过分析新增关注用户的来源渠道，运营者可以了解用户是从哪些渠道关注公众号的，从而发现吸引最多用户关注的渠道，这个渠道可能就会成为一个重点吸引用户关注公众号的渠道。

【小贴士】除了正常的查看以外，公众号每日增长的粉丝数据是支持导出的。单击左侧的"日期"下拉按钮，设置数据时间范围，单击页面右侧"下载表格"，即可下载每日粉丝增长明细，下载后将会得到一个Excel表格，运营者可以用下载的数据开展更加深入的数据分析。

2. 用户属性

用户属性主要包括人口特征、地域归属、访问设备等数据。通过用户属性分析，运营者能够构建清晰的用户画像，更好地调整、优化公众号内容。

➤ **人口特征数据**。其包括性别分布、年龄分布和语言分布。运营者可以根据人口特征数据来调整公众号内容的风格、选题等。例如，低龄用户偏多时，可以使用调皮、可爱的语言风格。

➤ **地域归属数据**。其是指公众号用户在各地域的分布情况，可以具体到某个省内某个地级市的用户占比。地域归属数据可以使运营者清晰地指导自己在各个城市的业务开展，依据此数据可以做一些关键决策。如在内容生产时可以采用多数用户所在地的方言或更具有地域特色的内容以增强用户的认同感，增强用户黏性。

➤ **访问设备数据**。其是指用户使用的终端的分布情况，也就是用户使用的是手机还是计算机，是安卓系统还是苹果系统。访问设备会影响内容的显示效果，运营者要根据用户使用的终端的特点来规划内容标题的长短、封面图的大小、内容的版式，以保证最大比例的用户有较好的体验。

3. 常读用户分析

常读用户分析包括常读用户总览、性别分布、年龄分布、城市分布和终端分布等内容，如图4-2所示。常读用户分析数据为运营者提供了黏性较高的用户的详细数据，可以帮助运营者了解这些用户的特点，构建更清晰的用户画像，运营者可以根据常读用户分析数据策划内容选题，优化创作内容。

图4-2　常读用户分析

↘ 四、微信公众号内容分析

内容分析是指分析公众号发布的图文内容、视频和音频内容的数据，能够帮助运营者了解公众号内容的传播效果，主要有关键指标、渠道构成、数据趋势3个方面。选择"统计"—"内容分析"即可查看相关内容。

1. 关键指标

关键指标板块中统计了阅读次数、分享次数和完成阅读次数，以帮助运营者了解公众号内容的传播情况，如图4-3所示。

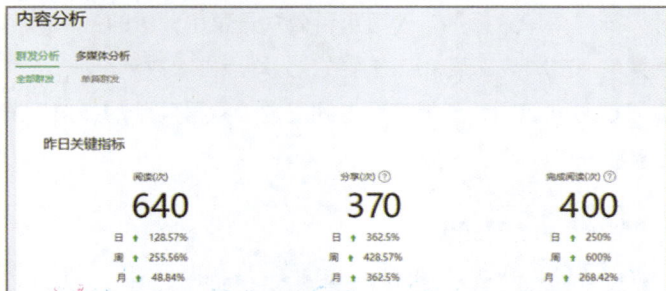

图4-3　关键指标

其中需要注意的是完成阅读次数，它反映了用户将公众号推送的内容滑动到底部的次数。如果一个账号阅读次数较多而完成阅读次数较少就需要注意，出现这种现象可能有两方面的原因：一是该账号存在买流量的行为；二是文章或推送内容仅标题较为吸引人，而全篇内容无法引起用户的兴趣，使其完成阅读。

2. 渠道构成

渠道构成是指进行公众号内容分析时所考虑的不同渠道或来源的组成部分，通过分析阅读来源，可以推测出用户的阅读场景，知道他们是在哪个渠道看到公众号内容的，方便账号运营优化。

渠道构成包括公众号会话、聊天会话、朋友圈、朋友在看。公众号会话是指文章在选定的时间内通过公众号推送获得的阅读量统计。聊天会话是指用户通过与他人聊天时点击他人的转发获得的阅读量统计。朋友圈是指用户通过点击微信朋友圈的动态信息获得的阅读量统计。朋友在看是用户通过微信看一看中的好友观看推荐而关注到内容的阅读量统计。

3. 数据趋势

数据趋势包括数据类型、数据指标、数据时间以及传播渠道。通过数据趋势分析，运营者可以获悉文章标题和内容的关系，以及用户观看的心理。

↘ 五、微信公众号菜单分析

微信公众号在消息页面底部设置了自定义菜单，菜单可以按照实际需求设定，并且可以设置相应动作。用户点击底部菜单可以跳转到指定页面寻找自己所需要的服务，如线上活动、报名参加的入口和联系作者等。

通过菜单分析，运营者可以看出公众号用户对菜单功能的满意程度和用户活跃程度。点击次数越多，说明服务的覆盖人群越多；人均点击次数越多，说明用户越活跃。运营者还可以看到每个菜单的点击数据，通过对菜单栏某个按钮的点击次数的监控，及时调整按钮的位置和文案，使链接到按钮的内容获得更多点击。

选择"统计"—"菜单分析"，即可查看公众号菜单分析的各项内容。菜单分析中的关键指标包括菜单点击次数、菜单点击人数、人均点击次数。

运营者可以设置时间范围，查看某个时间段内公众号菜单的点击情况。图4-4所示为某公众号最近30天的菜单点击次数分析。

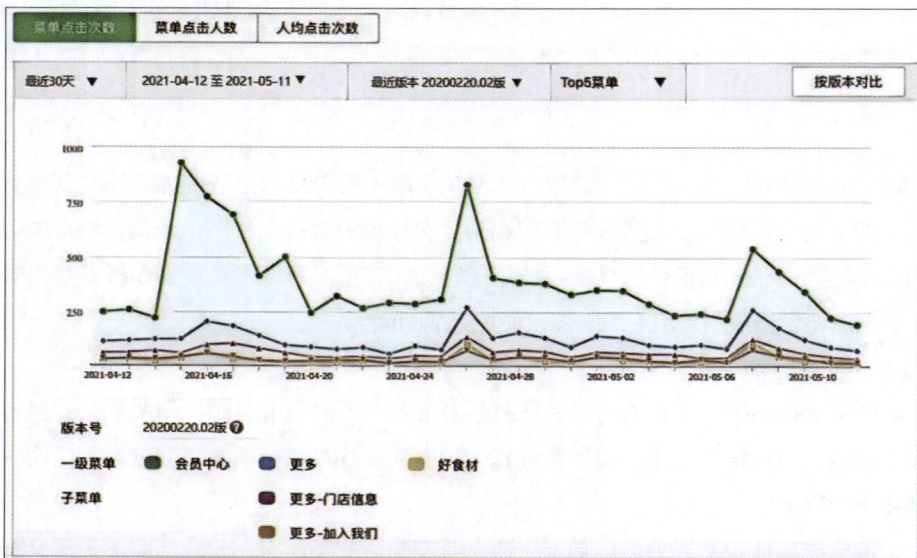

图4-4　某公众号最近30天的菜单点击次数分析

由图4-4可以看出，在一级菜单中，"会员中心"的点击量最高，"更多"作为一级菜单指向性比较差，"更多"菜单中设置的子菜单"门店信息"和"加入我们"均有一定的点击量。运营者可以考虑将"更多"改为"联系我们"，这样指向性更强，有利于提高子菜单"门店信息"和"加入我们"的曝光度。而一级菜单中"好食材"的点击量非常低，运营者可以挖掘用户的痛点，将"好食材"更换成能更加吸引用户关注的名称。总之，无论运营者为公众号设置几级菜单，设置几个菜单按钮，菜单按钮的名称都要有吸引力，这样才能吸引用户点击菜单栏中的按钮，让按钮链接的内容获得更多的曝光量。

六、微信公众号消息分析

消息分析是指对用户自主发往后台的消息的自动回复消息进行分析，反映了公众号与用户进行互动的情况。选择"统计"—"消息分析"，即可查看公众号消息分析，包括消息分析和消息关键词分析两个方面。

1. 消息分析

消息是指关注公众号的用户主动发给公众号的消息。消息分析可以查看消息发送人数、消息发送次数、人均发送次数等数据。在消息分析中，运营者可以查看消息发送人数、消息发送次数、人均发送次数3个关键指标的小时报、日报、周报、月报数据。图4-5所示为某公众号消息发送人数日报。

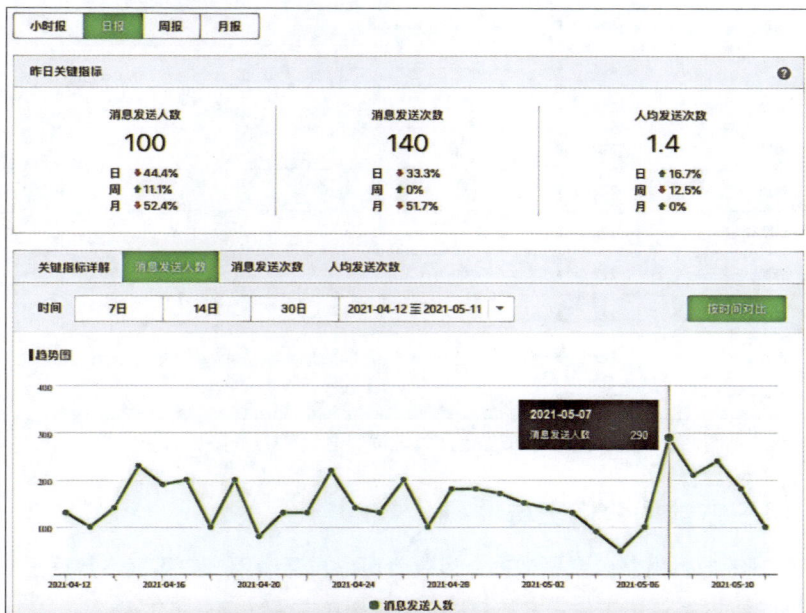

图4-5　某公众号消息发送人数日报

运营者通过分析消息发送人数小时报，可以确定每天的哪个时间段发送消息的用户人数最多；通过分析消息发送人数日报，可以确定每周的哪一天发送消息的用户人数最多。例如，某公众号运营者通过分析发送消息人数小时报和日报，发现每周五、周六18:00发送消息的用户人数较多，那么运营者就可以在这些时间段多回复用户在公众号中的留言，提高公众号的互动率，增强用户黏性。

2. 消息关键词分析

消息关键词是指公众号运营者设置好一定关键词规则后，用户在公众号消息页面发送该关键词，公众号会自动回复设置好的内容，回复内容的形式包括图文消息、纯文字、图片等。在公众号后台，运营者可以看到不同关键词的出现次数，并可以据此了解用户喜好。图4-6所示为某公众号"非自定义关键词"最近30日的统计分析结果。

通过分析消息关键词，运营者可以直观地了解用户在使用公众号的过程中存在哪些疑问，从而做好公众号常见问题解答（Frequently Asked Questions，FAQ）工作，为用户提供良好的咨询体验。

排行	消息关键词	出现次数	占比
1	建议	332	
2	开业	222	
3	菜单	222	
4	点菜	222	
5	快点	222	
6	c0082	222	
7	外卖	222	
8	在哪里	222	
9	图片	222	
10	几点开门	222	

图4-6　某公众号"非自定义关键词"最近30日的统计分析结果

七、第三方数据分析工具

为了更好地分析微信公众号数据，运营者可以灵活运用一些第三方数据分析工具，以便更好地完成数据分析工作。本部分将介绍几个第三方数据分析工具。

1. 百度指数

百度指数是以百度海量网民行为数据为基础的数据分享平台，自发布之日起便成为众多企业营销决策的重要依据。运用百度指数，运营者可以研究关键词搜索趋势、洞察网民兴趣和需求、监测舆情动向、定位受众特征。百度指数的主要功能模块有基于关键词的趋势研究（包含整体趋势、PC趋势和移动趋势）、需求图谱、人群画像等模块。

（1）趋势研究——独家引入无线数据

PC趋势积累了2006年6月至今的数据，移动趋势展现了从2011年1月至今的数据。用户不仅可以查看最近7天、最近30天的单日指数，还可以自定义时间查询数据。百度指数趋势研究如图4-7所示。

图4-7 百度指数趋势研究

（2）需求图谱——呈现用户隐藏的关注焦点

每一个用户在百度的检索行为都是主动意愿的展示，每一次的检索行为都可能成为其消费意愿的表达。百度指数的需求图谱基于语义挖掘技术，向用户呈现关键词中隐藏的关注焦点、消费欲望。例如，如果搜索的是一个品牌名（例如京东），需求图谱工具能显示用户对该网站的形象认知分布，了解到用户在使用百度搜索过程中经常把哪些词语与该品牌联系起来，对产品运营具有较大帮助。百度指数需求图谱如图4-8所示。

（3）人群画像——立体展现关注用户的群体画像

以往需要花费大量精力开展的调研，现在通过人群画像功能，仅需要输入关键词，就可获得用户年龄、性别、区域、兴趣的分布特点，且数据真实客观。百度指数人群画像如图4-9所示。

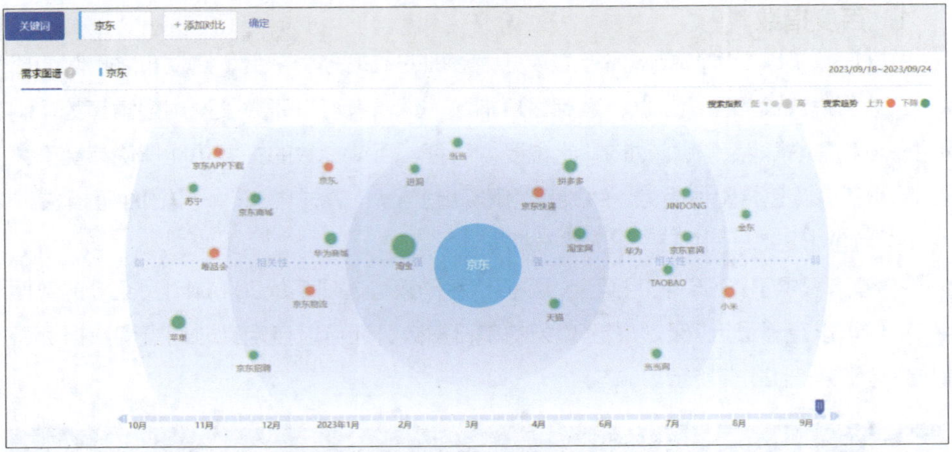

图4-8　百度指数需求图谱

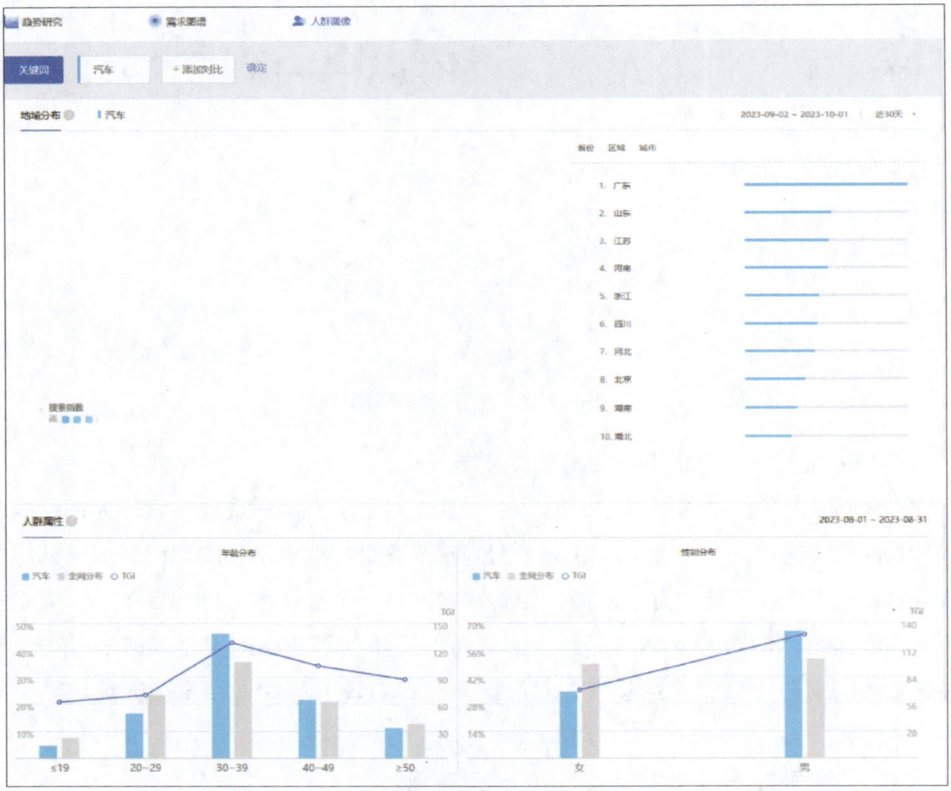

图4-9　百度指数人群画像

2. 新榜

新榜是一个内容创业服务平台，以内容营销服务、内容创业服务、内容数据服务三大产品服务为业务主体，充分聚合关键意见领袖（Key Opinion Leader，KOL）自媒体的能量，提供内容商业枢纽服务。

新榜榜单，主要以日、周、月为周期，按22个分类发布包括微信公众平台在内的多个平台的账号榜单，如图4-10所示。

图4-10　新榜榜单

通过新榜榜单，运营者能快速了解不同领域的账号运营情况。比如运营者计划开始运营一个美食领域的微信公众号，但是找不到运营方向，也不知道从哪里开始。那么这时运营者可以通过新榜榜单，去了解美食领域排名前列的账号有哪些，这些账号的基本运营情况如何。了解到这些信息，运营者能看到美食领域行业内领先账号的运营方法与技巧，这对其初学运营公众号会提供很大帮助。

新榜有数是一个付费的数据查询工具，能提供账号回采、分钟级监测等功能，如图4-11所示。新榜提供的数据分析包括公众号粉丝数、阅读数、点赞数、文章分析、公众号文章排行榜、关键词搜索趋势、公众号运营数据、地域分布、设备分布、年龄分布、性别分布等。

图4-11　新榜有数

3. 西瓜数据

西瓜数据是一个付费的分析网站，能提供公众号查询、监控及诊断等服务。进入西瓜数据官网后，运营者能看到西瓜数据提供的主要功能有公众号搜索、公众号排行、阅读数监控、公众号诊断等。其中公众号排行、阅读数监控、公众号诊断等是比较常用的分析工具。

公众号排行主要以地区和行业进行分类，因此运营者能查看到不同城市和不同行业领域的公众号排行榜，这能给其挖掘本地优质账号以及发现行业内优质账号提供很好的参考，西瓜数据公众号排行如图4-12所示。

排行	公众号	预估粉丝	头条平均阅读	次条平均阅读	一周发文	操作
1	热门资讯	100万	100 000+	100 000+	28	详情
2	联通	100万	100 000+	100 000+	28	详情
3	生活圈	100万	100 000+	100 000+	28	详情
4	微生活	100万	100 000+	100 000+	28	详情
5	微世界	100万	100 000+	100 000+	28	详情

图4-12　西瓜数据公众号排行

阅读数监控可以对公众号发文进行预约监控或即时监控，从而能实时分析图文消息的阅读量走势，方便预判最终传播效果。只需输入图文消息的链接，即可实现数据监控。

公众号诊断主要能帮助运营者分析自身账号或者其他账号的总体数据，包括发文量、发文时间、活跃粉丝、粉丝属性等数据。

项目实训

↘ 任务一　微信公众号用户分析

1. 任务概述

以某官方微信数据为例，通过微信公众号后台下载其2023年6月和2023年7月的部分详细数据表格，进行用户趋势分析和对比分析。

2. 任务目标

➤ 在微信公众号后台查看用户分析关键指标数据

➤ 对相关数据进行趋势分析和对比分析

3. 任务实施

步骤 1 用户增长数据查询

进入微信公众平台的后台，选择"统计"—"用户分析"，滚动鼠标滚轮至页面最下方，即可看到"昨日关键指标"的详细数据，在日期处选择时间段6月1日至6月14日及时间段7月1日至7月7日，导出所需数据，见表4-1、表4-2。

表4-1 某微信公众号6月部分数据

时间	新增人数/人	取消关注人数/人	净增人数/人
2023-6-1	1 322	472	850
2023-6-2	1 320	369	951
2023-6-3	1 200	389	811
2023-6-4	1 084	473	614
2023-6-5	1 563	415	1 148
2023-6-6	1 671	423	1 248
2023-6-7	1 458	470	988
2023-6-8	1 424	432	992
2023-6-9	1 362	472	890
2023-6-10	1 236	445	791
2023-6-11	1 290	436	854
2023-6-12	1 824	429	1 395
2023-6-13	1 711	354	1 357
2023-6-14	1 898	513	1 385

表4-2 某微信公众号7月部分数据

时间	新增人数/人	取消关注人数/人	净增人数/人
2023-7-1	892	389	503
2023-7-2	1 003	362	641
2023-7-3	1 070	348	722
2023-7-4	1 260	368	892
2023-7-5	1 418	353	1 065
2023-7-6	1 203	385	818
2023-7-7	1 145	374	771

由表4-1、表4-2所示的数据可知，2023年6月1日至7日新增人数累计为9 618人；2023年6月8日至14日新增人数累计为10 745人；2023年7月1日至7日新增人数累计为7 991人。在这些指标中，运营者需要重点关注新增人数，以便准确判断粉丝增长趋势。监测新增人数的数据，需要特别留意数据的突然变化，比如某一天新增粉丝突然增多，

可能是当天的内容、选题、传播渠道等方面正好满足了用户需求，那么运营者需要仔细分析原因，看看是上述哪一方面使粉丝激增。同样地，如果某一天新增粉丝人数大幅减少，甚至取消关注人数特别多，就需要仔细去查找当天所发的内容是否引起了用户反感，从而导致用户不关注甚至取消关注。

步骤 ② 新增用户数据分析

单击"按时间对比"，设置时间范围，运营者可以对"新增人数"进行同比或环比分析，了解两个时间段内公众号新增人数的变化情况，公众号新增人数对比分析如图4-13所示。因此运营者在进行同比或环比的对比分析时，可以以最近7天、最近15天、最近30天为单位。

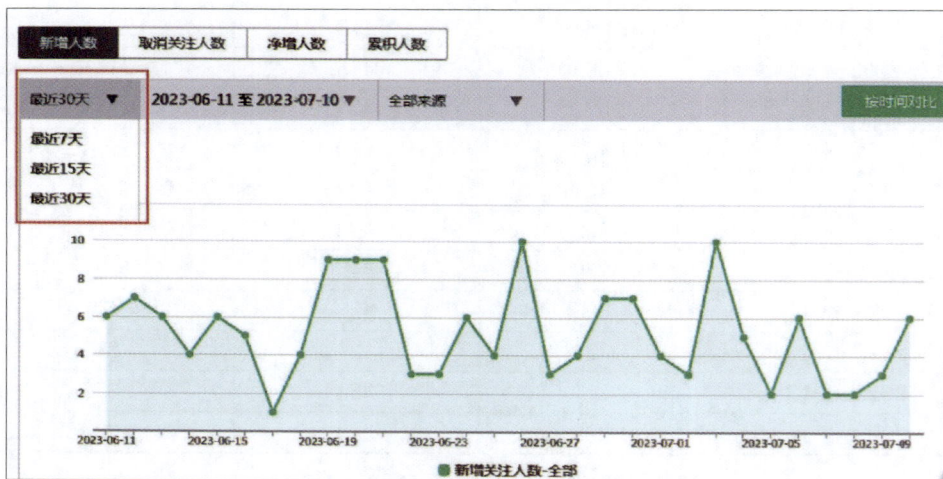

图4-13　公众号新增人数对比分析

同比是指对相邻时段中的某一相同时间点进行比较，是将本期统计数据与历史同期数据进行比较，如将2023年6月与2022年6月相比。环比是本期统计数据与上期比较，如将2023年6月与2023年5月相比较。通过同比数据，运营者可以分析特定时间段推出何种运营内容更好；通过环比数据，运营者能更直接了解当前用户对账号内容的喜好程度。

从同比数据来看，7月1日至7日累计新增人数比6月1日至7日减少16.92%，从环比数据来看，6月8日至14日累计新增人数比6月1日至7日增加11.72%。通过环比数据，运营者能看到6月1日至7日和8日至14日的新增人数呈现上涨趋势，体现了现有用户对该公众号内容的喜爱和认可。由同比数据可知，7月1日至7日数据有所下降，运营者需要仔细反思7月初推出的内容与6月初推出的内容有什么不同，是内容选题还是宣传渠道没有做好，导致数据下降。运营者要及时找出数据下降的原因，总结6月初运营的方法与技巧，及时优化7月8日至14日的运营策略。

通过监测微信用户新增人数的数据，运营者还可以查看新增用户的增长来源。单击页面中的"全部来源"下拉按钮，运营者能看到新增用户关注微信公众号的几个主要途径，除了他人转载、微信广告等途径，还新增了视频号和视频号直播两个途径，公众号新增人数来源分析如图4-14所示。

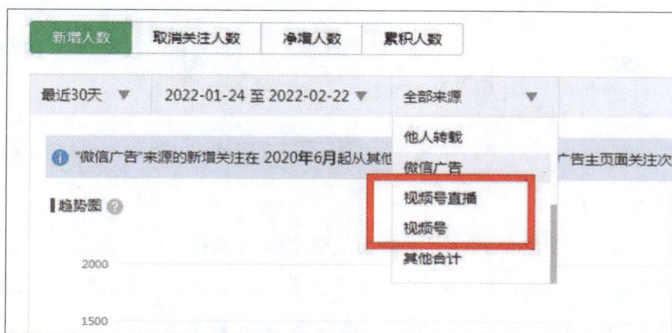

图4-14　公众号新增人数来源分析

课堂讨论

请判断以下场景分别属于哪种公众号的关注方式。

（1）好友说"秋叶大叔"的公众号有很多干货，于是你赶紧关注。朋友说"人民日报"这个公众号不错，于是你打开微信搜索并关注。

（2）吃完海底捞火锅，打开微信支付时，付款成功顺便关注了"海底捞火锅"微信公众号。

（3）逛街时接到一张传单，显示关注公众号可以领取代金券，于是扫码关注。

（4）在朋友圈看到了一篇特别不错的文章，看完后返回文章顶部，点击了标题下方的蓝色字体关注公众号。

步骤 3 公众号用户画像分析

男女用户比例不同的微信公众号，适合投放的内容也会有所不同。男性用户居多的公众号，适合投放体育、汽车等内容；女性用户居多的公众号，适合投放时尚、美妆、娱乐等内容。

选择"用户属性分析"，查看该公众号用户属性分析情况。图4-15所示为用户属性分析，从图中来看，该公众号的用户男女相对均衡，用户年龄集中在18～35岁。因此，该公众号运营者应该重点分析18～35岁用户的特点和心理需求，多推送符合这些用户心理需求的内容，这样有利于增强用户的黏性，并吸引更多用户关注公众号。

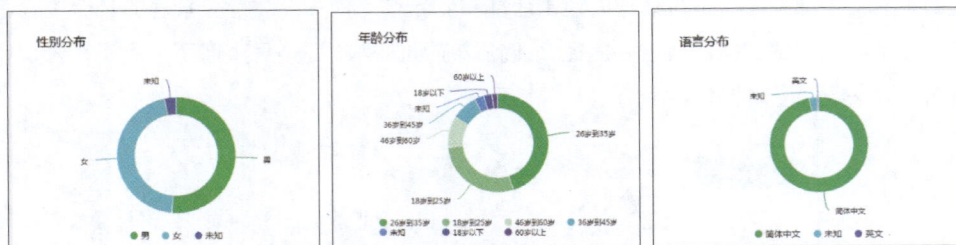

图4-15　用户属性分析

步骤④ 用户地域归属分析

地域归属数据能为运营者在用户付费能力、活动选址、内容选题等方面提供参考。

➤ **用户付费能力**。用户地域分布可以作为粉丝质量的参考。假如某微信公众号粉丝中一、二线城市的用户比例比三、四、五线城市的用户比例高，则说明这个微信公众号用户的经济基础相对较高，整体付费能力相对较强。

➤ **活动选址**。因为知道了用户在不同城市的分布情况，运营者可以优先选择用户集中的几个城市举办活动。

➤ **内容选题**。了解用户所在城市比例后，可以尽量贴合本地的特点进行内容创作。如果某公众号的北京用户比例偏高，那么诸如"北漂"等话题的文章会更容易引起用户共鸣；但如果一个公众号的广东用户比例较高，那么运营者以"北漂"为话题进行内容创作，效果可能会大打折扣。

该公众号用户地域归属分析见图4-16。从图4-16中可以看出，该公众号的用户有12.80%分布在广东省，其中，分布在广州、深圳的用户均占分布在广东省用户的29.63%。因此，该运营者可以优先考虑选择在广州、深圳举办线下活动，这样有利于保证活动中用户的参与率。同时，可以发布一些涉及粤剧或潮汕风俗等具备地域特色话题的内容，以此增强用户的认同感。

地域	用户数	占比
广东省	270	12.80%
河北省	250	11.85%
山东省	220	10.43%
浙江省	170	8.06%
北京	130	6.16%
江苏省	120	5.69%
福建省	110	5.21%

地域	用户数	占比
广州	80	29.63%
深圳	80	29.63%
东莞	20	7.41%
肇庆	10	3.70%
佛山	10	3.70%
中山	10	3.70%
揭阳	10	3.70%
		1/2 >

图4-16　地域归属分析

步骤 ⑤ 访问设备分析

访问设备分析见图4-17。由图4-17可以看出，在该公众号的用户中，使用安卓系统终端的用户占比较大。因此，该公众号运营者在设计内容标题长短、封面图大小、内容版式时，应优先考虑适配安卓系统终端，满足安卓系统终端用户的阅读体验。

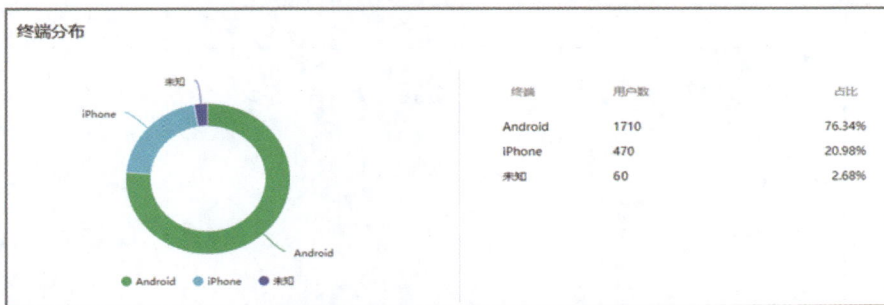

图4-17 访问设备分析

✎ 课堂讨论

假如你是图4-16所在公众号的运营人员，下面的图文选题在该公众号内受众面更广的是（　　）。

A. 北京市单身青年图鉴　　　　　　　B. 广东省单身青年图鉴

C. 上海市单身青年图鉴　　　　　　　D. 北上广深单身青年图鉴

↘ 任务二　微信公众号内容分析

1. 任务概述

在内容分析中，运营者可以查看群发内容的阅读、分享、跳转阅读原文、微信收藏、群发篇数等关键指标的每日、每小时数据的趋势，以及关键指标的渠道构成等信息。根据某公众号后台内容分析模块的数据图，对该公众号的图文内容情况进行分析。

2. 任务目标

➢　在内容分析模块中查看和分析该公众号的关键指标、渠道构成、数据趋势

➢　对单篇图文内容进行详情分析，并运用四象限分析法进行案例分析

3. 任务实施

选择"统计"—"内容分析"，可以查看公众号发布的图文内容分析数据，包括全部群发和单篇群发。群发的主要形式是图文内容。公众号运营者经常分析的模块是全部群发和单篇群发数据，即针对每次推送的图文进行数据分析，分析主要围绕图文阅读量展开。

95

步骤 ① 群发数据趋势分析

该公众号4月11日至5月11日发布的全部内容的总阅读次数趋势分析如图4-18所示。从中可以看出，4月21日后该公众号的内容阅读次数呈上升趋势，在4月23日达到峰值。此时，运营者应分析4月21日至4月23日所发布内容的选题、标题设置等内容，寻找这种现象的产生原因，并根据分析结果对公众号内容进行优化。

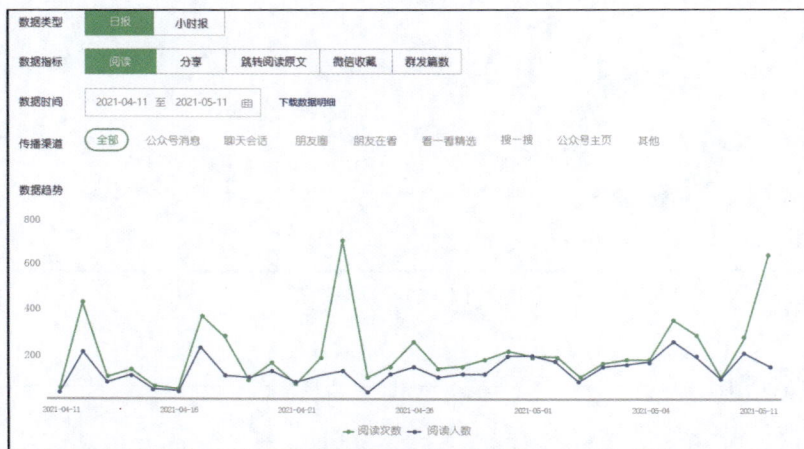

图4-18　某公众号4月11日至5月11日的总阅读次数趋势分析

在"数据类型"中单击"小时报"查看公众号24小时内的内容传播情况，图4-19所示为该公众号5月11日内容阅读次数小时报。从中可以看出，在5月11日的9:00—11:00，该公众号的内容阅读次数呈上升趋势，同时阅读人数也呈上升趋势，说明此时间段内有较多用户正在浏览该公众号发布的内容。

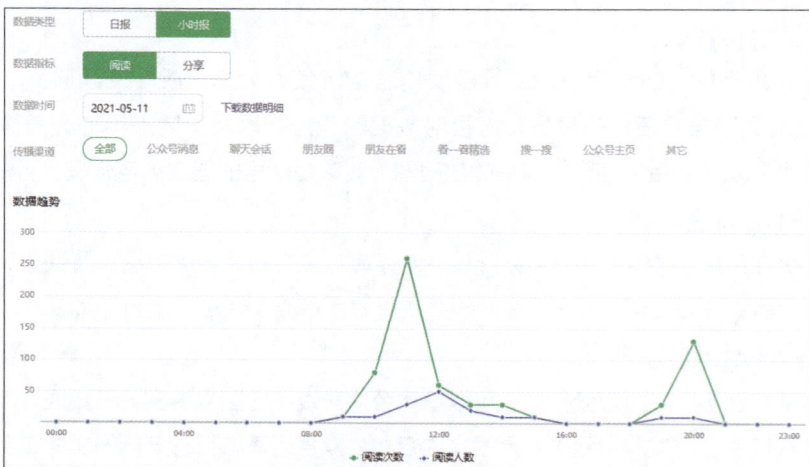

图4-19　内容阅读次数小时报

运营者可以统计一个月内公众号的内容阅读次数，然后分析这一个月内每天公众号的内容阅读次数的峰值出现在哪些时间段，最终找到内容阅读次数峰值出现次数较多的时间段。

步骤② 渠道构成分析

单击"渠道构成"，得到微信公众号渠道构成情况，如图4-20所示。从图4-20可以看出，通过"朋友在看"阅读公众号内容的用户比例为1.19%，表明该公众号所发布的内容被用户点击"在看"的概率可能不是很高。

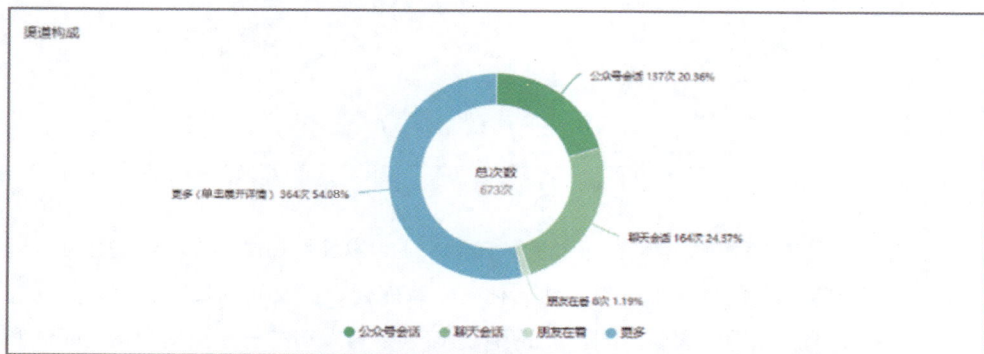

图4-20 微信公众号渠道构成

在"渠道构成"中，单击环形图中的"更多"部分，可以查看该部分的详情，了解更详细的内容传播渠道分析信息，如图4-21所示。从中可以看出，通过公众号主页阅读内容的用户比例为33.79%，表明用户直接进入公众号并阅读内容的概率较小。这可能是因为公众号发布的内容质量较低，对用户缺乏吸引力，运营者应该对内容选题、内容创作方式进行调整和优化，增强内容对用户的吸引力。

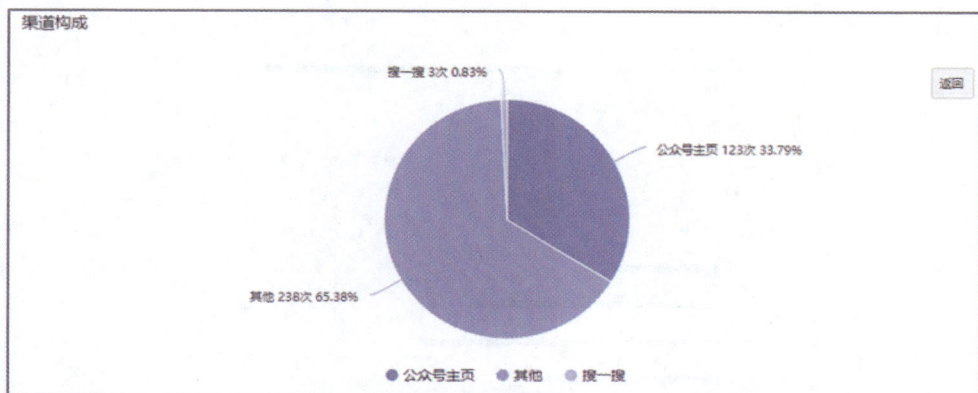

图4-21 渠道构成中的详情分析

步骤 3 单篇图文内容分析

单击"单篇群发"，可以查看单篇图文内容分析结果，包括阅读次数、分享次数、阅读后关注人数、送达阅读率和阅读完成率等关键指标，如图4-22所示。

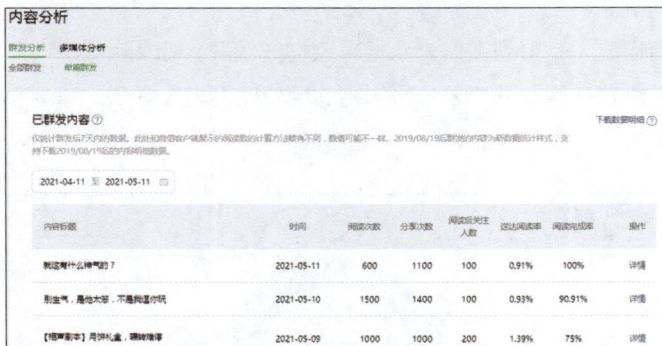

图4-22　单篇群发分析

单击每篇图文内容中"操作"下面的"详情"，可以查看每篇图文内容的数据分析详情，包括图文内容的阅读概况、送达转化、分享转化、图文阅读和图文分享数据趋势、阅读完成情况、用户画像。图4-23所示为该公众号发布的一篇图文内容的阅读概况、送达转化和分享转化分析。

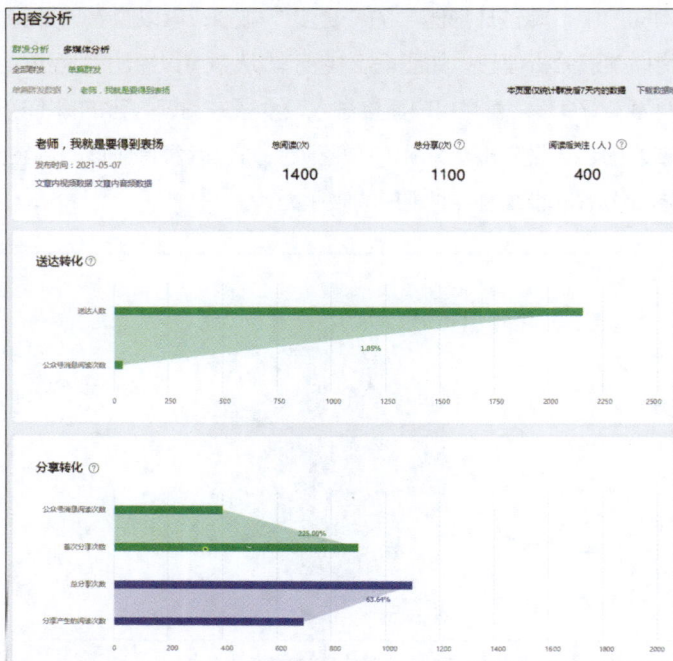

图4-23　图文内容的阅读概况、送达转化和分享转化分析

在单篇图文内容的详情分析中,送达转化和分享转化清晰地展现了一篇图文内容的传播效果,在一定程度上体现了图文标题和内容的关系。送达转化体现了图文内容的打开率,在一定程度上反映了图文内容的标题质量;在分享转化中,"公众号消息阅读次数"和"首次分享次数"体现了图文内容的分享率,在一定程度上反映了用户对内容的满意度。

步骤 ④ 单篇图文内容四象限分析

打开率和分享率是运营者在做数据分析时常用到的两个指标。打开率可以反映出标题质量,分享率可以反映出用户对内容的满意度,因此,结合打开率和分享率这两个指标,采用四象限分析法,可将图文内容划分为4种类型,单篇图文内容的四象限分析如图4-24所示。

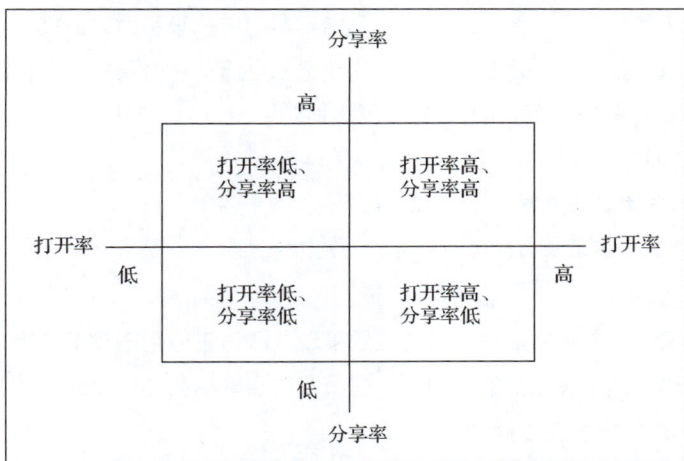

图4-24 单篇图文内容的四象限分析

在四象限分析图中,高和低的标准是根据每个公众号自身情况来确定的。例如,某公众号近30天内图文内容的平均打开率为6%,则打开率等于或高于该平均值的图文内容视为打开率高的内容,打开率低于该平均值的图文内容视为打开率低的内容。图文内容分享率高低的确定也是同样的道理。

在四象限分析图中,4种图文内容的特点如下。

➤ **打开率高、分享率高的图文内容**。说明图文标题吸引人且内容质量较高,具有成为"爆文"的潜力。

➤ **打开率低、分享率高的图文内容**。说明图文内容质量较高,看过图文内容的用户都认为内容不错,愿意将其分享出去;但是标题不太吸引人,影响了图文内容的打开率,因此运营者需要思考如何优化标题,提高图文内容的打开率。

➤ **打开率低、分享率低的图文内容**。说明图文的标题、内容都不佳,标题不具有吸引力，内容也不符合用户的需求。对于这类图文内容，运营者应该先分析选题是否存在问题，然后分析图文内容的标题设置和内容写作是否存在问题。

> **打开率高、分享率低的图文内容。** 说明图文内容的质量一般，没有满足用户的阅读需求。之所以能够获得较高的打开率，是因为图文的标题具有噱头，也就是俗称的"标题党"。对于此类图文内容，运营者应该重点提高图文内容的质量，让用户觉得该图文内容是比较有价值的。

↘ 任务三　运用第三方数据分析平台进行内容选题策划

1. 任务概述

一个优质的选题有利于吸引更多的用户阅读公众号文章，提高公众号文章的阅读量。在公众号运营过程中，为了增强公众号内容对用户的吸引力，选择符合用户需求的内容选题是非常重要的一个步骤，而寻找热点选题是运营者必备的一项技能。试为一个输出新能源汽车相关内容的公众号进行选题策划。

2. 任务目标

> 运用第三方数据分析平台对内容需求趋势进行分析

> 结合数据分析结果为相关公众号进行选题策划

3. 任务实施

对运营者来说，做好公众号文章的选题策划，懂得进行用户需求分析、内容趋势分析，追踪当前热点是至关重要的。目前，有很多工具能够帮助运营者寻找选题，使用百度指数和新榜策划内容选题的方法如下。

步骤 ① 内容需求趋势分析

运营者需要选择几个与新能源汽车密切相关的关键词，如"新能源汽车""油电混动汽车""比亚迪"等。进入百度指数首页，在搜索框中输入关键词"新能源汽车"，单击"开始搜索"。

进入"趋势研究"分析页面，单击"添加对比"，在"关键词"栏内分别添加"新能源汽车""油电混动汽车""比亚迪"3个关键词，然后单击"确定"，设置对比条件，查看这3个关键词的搜索指数分析结果，如图4-25所示。

图4-25中的搜索指数趋势图反映了近3年（2020年10月至2023年10月）各个关键词的搜索指数变化情况，并以曲线的形式呈现，间接反映了这几个关键词所代表的细分领域近3年大体上的市场需求及热度变化趋势。可以看出"比亚迪"无疑是这3个关键词中整体和移动搜索指数最高的一个，这反映出"比亚迪"这个细分市场的目标人群人数较多，间接反映出这个方向的市场需求较大。

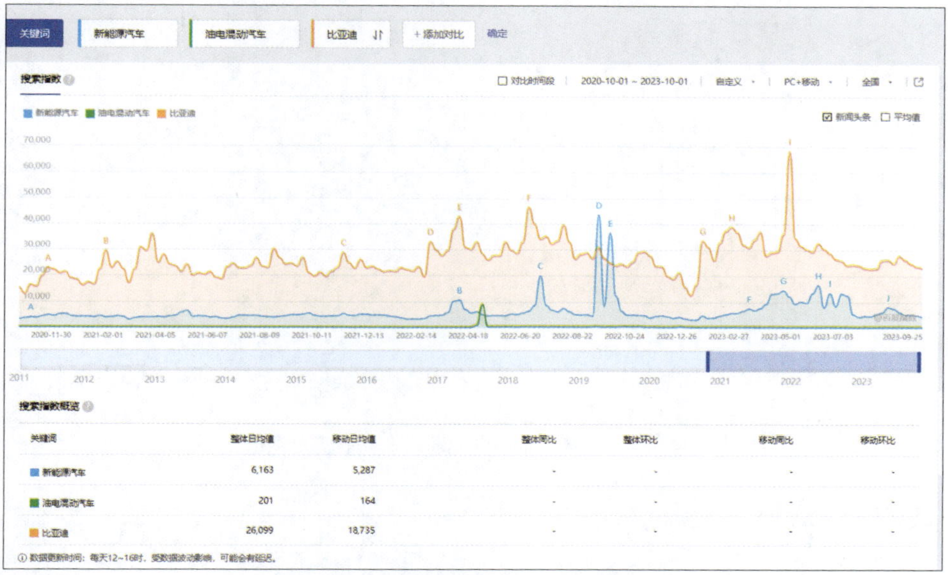

图4-25 百度指数关键词搜索指数

步骤 ② 内容需求图谱分析

单击"需求图谱",查看"新能源汽车""油电混动汽车""比亚迪"这3个关键词的需求图谱,分别如图4-26、图4-27、图4-28所示。百度指数中的需求图谱反映了用户在搜索某个关键词的前后搜索行为变化中表现出来的关联检索词需求。例如,"新能源汽车"的热门关联检索词包括"电动汽车""新能源汽车十大品牌""新能源汽车技术""比亚迪新能源汽车"等,这说明目标用户在搜索"新能源汽车"相关的内容时,主要关注这些方面。需要注意的是,滑动底部的月份滑块,可以查看不同月份的关联检索词搜索情况,这里查看的是2023年9月的情况。

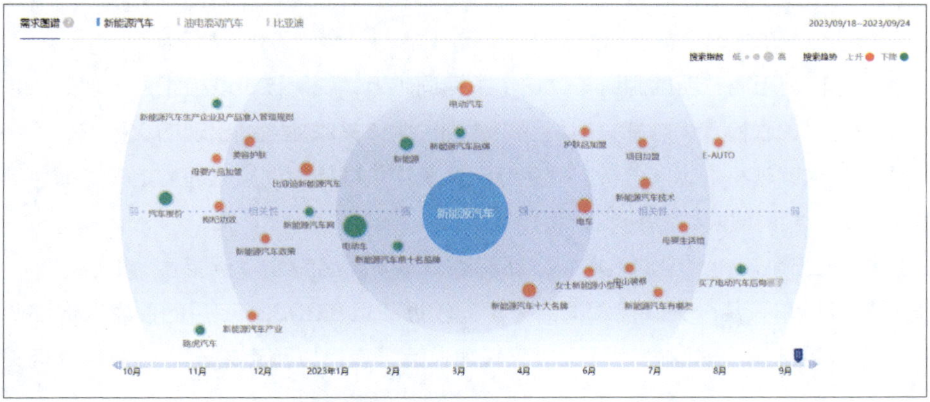

图4-26 关键词"新能源汽车"的需求图谱

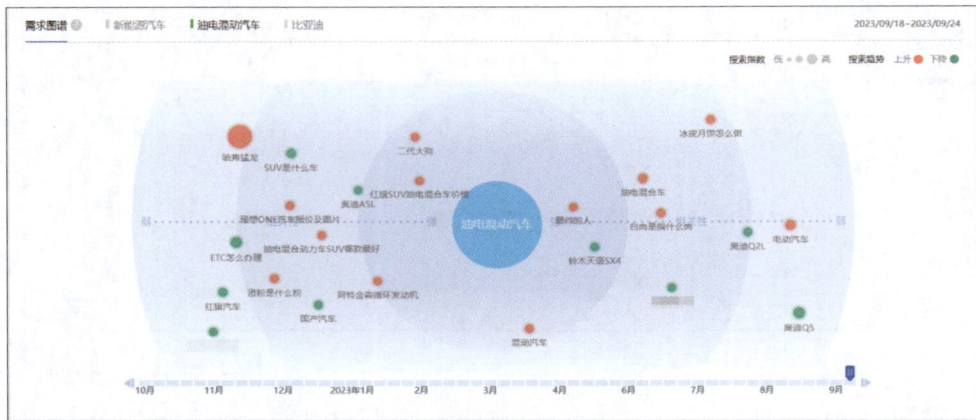

图4-27　关键词"油电混动汽车"的需求图谱

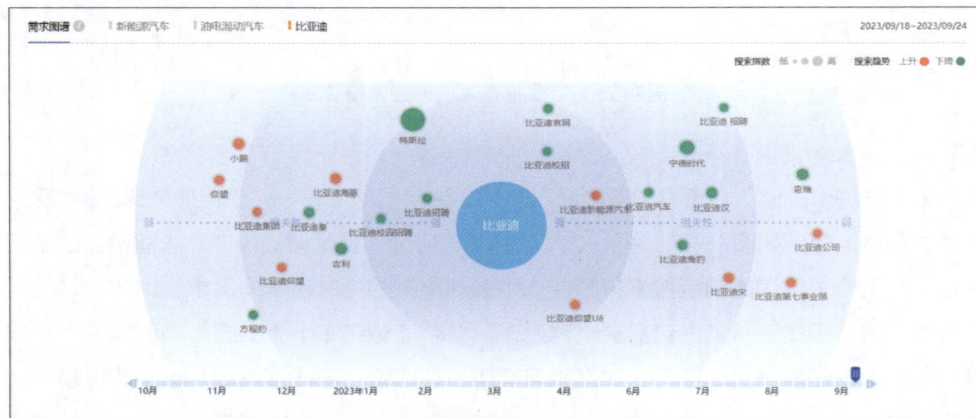

图4-28　关键词"比亚迪"的需求图谱

在需求图谱中，运营者可以对某个关键词的关联检索词进行横向分析和纵向分析。仍以"新能源汽车"这个关键词为例。

横向分析。距离"新能源汽车"这个关键词越近，说明该关联检索词出现的次数越多，用户对此关联检索词越感兴趣；反之，则说明该关联检索词出现的次数越少，用户对该词的需求就越小。纵向分析。红色标记代表该关联检索词搜索趋势上升，绿色标记代表该关联检索词搜索趋势下降。

由图4-26可知，"电动汽车""新能源汽车十大品牌""新能源汽车技术""比亚迪新能源汽车"几个关联检索词离关键词较近，且在2023年9月的搜索次数都逐渐增加，可见目标用户对这些话题比较感兴趣，运营者可以重点输出与这些话题相关的内容。

步骤 ③ 人群画像分析

运营者在进行新媒体运营时，要对目标用户群体进行定位，明确自己的目标用户是谁，用户特征是什么。

单击"人群画像"，分别查看"新能源汽车""油电混动汽车""比亚迪"3个关键词2023年9月—10月的用户画像。图4-29所示为3个关键词人群画像中的地域分布情况。由图4-29可以看出，搜索这3个关键词的用户主要集中在北京、上海、成都、深圳等城市，运营者可以重点向这些城市的用户输出与关键词相关的内容。

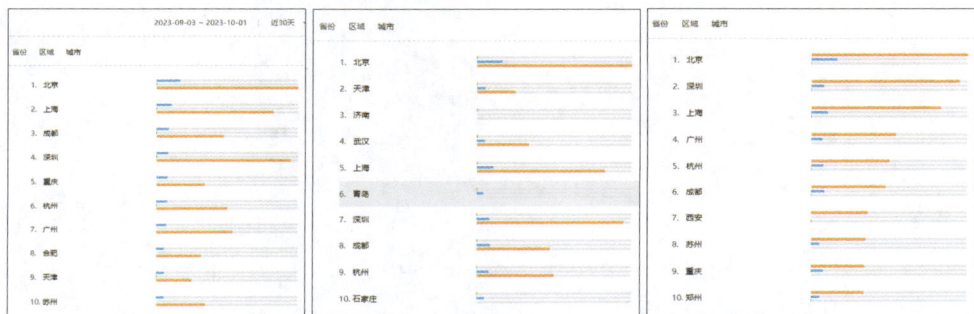

图4-29　"新能源汽车""油电混动汽车""比亚迪"关键词地域分布

在人群画像分析结果页面查看3个关键词的人群属性分析，如图4-30所示。从年龄分布上来看，对"新能源汽车""油电混动汽车""比亚迪"等话题感兴趣的用户主要集中在30～39岁；从性别分布来看，男性比女性更喜欢关注此类话题。因此，运营者可以重点向30～39岁的男性推送此类内容。

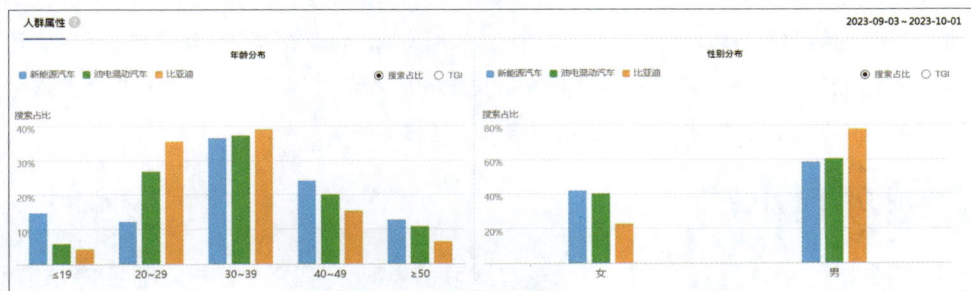

图4-30　人群属性分析

步骤 ④ 关键词热度趋势分析

对于运营者来说，追踪当下热点，并将热点用作文章写作的素材，可以有效提高文章被系统推荐的概率和文章的点击率。运营者可以使用新榜有数的"趋势查询"功能分析某个关键词在微信公众平台上的热度变化趋势，掌握运用热门关键词的最佳时机，查询方法如下。

登录新榜账号，在首页"数据服务"中选择"趋势查询"，在搜索框中输入要查询的关键词。图4-31为关键词"新能源汽车"的搜索结果页面。

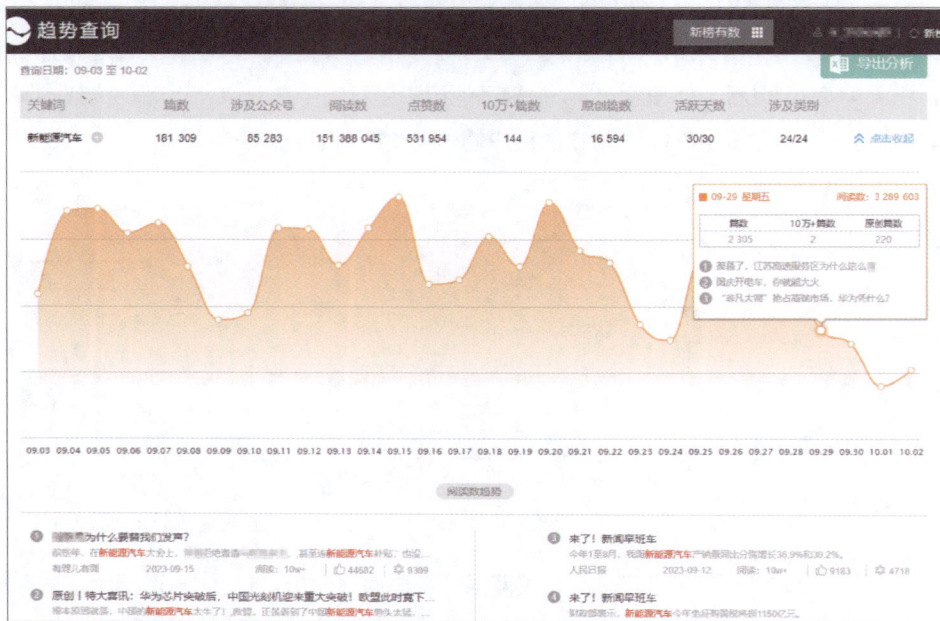

图4-31 关键词"新能源汽车"搜索结果页面

搜索结果展示了关键词30日内的阅读总量变化趋势，将鼠标光标置于趋势图上，可以查看与指定关键词相关的篇数、10万+篇数、原创篇数及当日阅读数最高的3篇图文的标题，并在趋势图下方展示该时段内与该关键词相关的阅读数最高的4篇图文。运营者可以通过单击图文标题来阅读文章，然后分析文章的切入点、写作方法、图片排版方法等方面有哪些值得学习的地方，并将其用于自己的文章写作中。

项目小结

在短视频流行的当下，微信公众号凭借其可以聚合图文视频的优势依然活跃在市场上。同时微信公众号服务和互动功能也是它方便大众生活、工作的一大优势，是短视频无法替代的。本项目讲解了微信公众号数据分析的相关知识，从微信公众号运营中的实例出发，运用微信公众平台后台数据分析模块进行用户分析、内容分析、菜单分析、消息分析，同时，灵活运用百度指数、新榜、西瓜数据等常见的第三方数据分析工具进行微信公众号数据处理，以达到科学、合理、数据化地运营好一个微信公众号的目的。

拓展实训

（1）登录微信公众号的账号后台，分析微信公众号用户特征，并写一份名为"××公众号用户特征分析"的专题数据分析报告。

（2）分析某微信公众号近30天发布的文章的各类数据表现，根据数据表现使用四象限分析法划分文章类型，并总结各类文章的优缺点。

（3）结合本项目介绍的3个第三方数据分析工具，选择任意一个获取微信公众号的以下数据。

➤ 自己喜欢的微信公众号里，任意3个微信公众号的活跃粉丝数。

➤ 该微信公众号所处领域中，排名靠前的10个微信公众号。

➤ 总结微信公众号粉丝最喜欢看的文章内容关键词或选题方向。

项目五
微博数据分析

项目概述

　　2014年3月27日，"新浪微博"更名为"微博"。2014年4月17日，新浪微博正式在美国纳斯达克股票交易所上市。2020年9月4日，腾讯微博官方宣布，将于2020年9月28日23时59分停止服务和运营。至此，微博行业的竞争落下帷幕，新浪微博成为最后的赢家。现在大众口中的"微博"即"新浪微博"。本书所讨论的有关微博平台及其功能、运营策略等，全部基于新浪微博进行讲解。

　　微博是一个可以公开发布实时内容的新媒体平台，入门简单，发布形式非常多样，包括文字、图片、视频，其发送数量也没有限制，是一个全民皆可参与发布和分享的平台。微博提供简单的发文方式使用户能够公开、实时地发表内容。快速的传播方式，让用户之间的互动紧密相连，近几年随着网络信息的发展，微博已经成为大众获取信息、了解时事、发表看法的主要渠道之一。图5-1所示为2023年上半年微博的热点关注度。

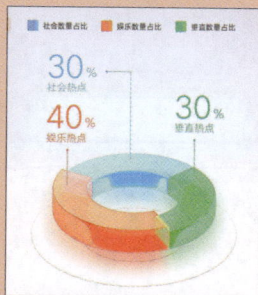

图5-1　微博热点关注度

微博是拥有庞大用户的社交化媒体，众多名人的加入使得微博成为拥有庞大娱乐社交资产的平台。众多商家纷纷将名人的微博作为广告发布的重要平台。在抖音、快手、小红书、微博四大流量生态中，微博名人在整体意见领袖量中的占比最大，达到43.7%。作为社会化营销中不可缺少的载体，微博在发挥"明星效应"方面比其他媒体平台更具优势，很多品牌通过名人微博广告扩大声量，经营口碑，并提高产品转化率。

微博数据分析是指对微博平台上产生的数据进行收集、整理、分析和解释，以获得有关微博用户行为、趋势和模式的洞察。这种分析有助于个人、组织和企业更好地了解其受众、提高内容策略、增加用户互动、评估营销效果等。微博数据分析的最终目标是获得有价值的洞察，并提供建议以支持决策。这些洞察可以指导内容策略、社交媒体营销计划、用户互动策略等。

微博数据分析和其他社交媒体数据分析的差异主要体现在以下几个方面。

传播特性。微博是一个浅社交平台，其传播特性更偏向于新闻和信息的实时传播，因此其信息同质化程度较高，单条信息的价值容易贬值。而其他社交媒体，如微信，更注重深社交，用户之间的关系更为密切，信息传播更为精准，用户对信息的理解和深度更高。

内容形式。微博的信息内容形式多样，包括文字、图片、视频等，而且因为其传播特性，微博上经常出现热点话题和新闻事件。而其他社交媒体，如微信，更注重个人生活和情感分享，内容形式相对单一。

应用场景。微博因为其信息传播的特性，其在舆情监控、品牌营销、市场预测等方面的应用十分广泛。而其他社交媒体在用户研究、精准营销、产品优化等方面的应用更多。

总的来说，微博和其他社交媒体在传播特性、内容形式、数据获取、数据分析和应用场景上都存在差异，因此在进行分析时需要根据各自的特点进行具体的分析和处理。

本项目将介绍微博数据分析的作用、渠道、分析指标等内容，学生通过本项目的学习可以掌握微博数据分析的背景、方法、分析指标等内容，以锻炼分析微博数据的能力。

学习目标

知识目标

➢　了解微博数据分析的作用

➢　了解常用微博数据分析指标

技能目标

➢ 具备使用微博数据分析工具进行数据分析的能力

➢ 具备运用常用指标分析微博数据的能力

➢ 具备微博舆情数据分析能力

素质目标

➢ 具备合理使用网络用语的素养，传播正能量

➢ 提升团队合作能力

学思融合

　　根据《2020年微博用户发展报告》，微博2020年9月的月活跃用户规模已经达到5.11亿人次，2020年9月日活跃用户规模已经达到2.2亿人次。2022年12月，微博的月活跃用户数为5.86亿，同比净增约1 300万，平均日活跃用户数为2.52亿，同比净增约300万。由此可见人们已逐渐习惯通过浏览微博的方式获取信息。在微博上传播的信息涉及的内容十分广泛，包括国际关系、政务事件、娱乐八卦以及体育新闻等。

　　微博有其独特的传播模式与特征，具体表现在低门槛、实时性、高聚合、强裂变这4个方面。用户在微博上的互动，不需要双方互相关注也可以进行。用户可以在微博平台上关注他人的账号，且不需要对方确认通过。这种关注与被关注的模式，是一种不对称的人际传播关系，正是这种不对称的关系形成了具有微博特色的信息流动。

　　微博4个方面的特征的具体内容如下。

　　低门槛。每个用户发布的信息，都可以通过粉丝、话题等板块得到曝光，并随着不断增加的转发量扩大影响，形成信息的去中心化传播。微博平台还通过设置各种产品机制，组织各类活动，不断鼓励用户创作，进一步激发用户的表达欲望，让用户从"旁观者"变成"当事人"，形成"人人即媒体"的传播格局。

　　实时性。得益于微博平台内容发布的低门槛，用户可以随时随地发布内容，这也使得微博具有很强的时效性和现场感。在许多热门事件发生、发展的过程中，微博成为用户实时播报信息、发表看法的"微媒体"。因为用户在微博平台发布的内容具有实时性，所以在出现突发新闻、社会热点事件时，微博就成了信息传播的"主战场"。

　　高聚合。微博的话题板块可以使相关内容通过一个话题进行聚合。在聚合的话题中，用户可以快速查看与某一话题相关的所有内容，进而激发用户进行信息扩散、创作和讨论的热情。同时，参与人数较多的话题会登上热搜榜，话题的热搜排名越靠前，越能吸引用户关注和传播。"有没有上热搜""热搜第几名"已经成为用户评判一个事件

受关注程度的重要标准。

强裂变。内容互动更多元，微博用户可以同时接收、传播、发布信息。例如，只需评论及转发，用户就完成了信息的传播和二次加工。

数据分析是优化微博运营的重要手段之一。通过对采集到的数据进行分析，微博运营者可以了解用户需求和行为习惯，并根据这些数据优化微博运营策略。

知识基础

一、微博内容数据分析

微博内容数据分析是对微博平台上的用户发表的内容进行分析，目的是了解用户兴趣、热点话题、用户行为以及用户对特定话题的态度和情感等信息。以下是对微博内容数据进行分析的一些方法和目的。

1. 热点话题分析

通过分析微博上的热门话题，可以了解当前社会热点、用户关注的焦点以及大众舆论的趋势。通过分析话题的讨论量、关注度、转发量和评论量等指标，从而了解用户对不同话题的兴趣和参与度。

2. 用户行为分析

可以分析用户在微博上的行为，如发表的内容类型、转发行为、评论行为、点赞行为等。分析用户行为，可以了解用户的兴趣爱好、社交圈子、互动方式等，从而为用户提供更具个性化和有针对性的内容推荐。

3. 情感分析

对微博内容进行情感分析可以了解用户对特定话题或事件的情感倾向。分析用户的评论、表达观点的方式，可以判断用户对话题的积极、消极或中立态度，从而了解用户对话题的态度和情感倾向。

4. 影响力分析

可以分析微博用户的影响力，如粉丝数量、转发量、点赞量等指标。分析用户的影响力，可以了解哪些用户在微博平台上具有较强的影响力，从而为品牌和营销活动选择合适的合作对象。

分析微博内容数据，可以了解用户的兴趣和需求，把握热点话题和舆论趋势，优化内容推荐和增加用户参与度。这些分析结果对品牌营销、舆情监测和社会研究等方面都具有重要价值。

↘ 二、微博互动数据分析

微博互动数据分析是指对微博用户之间的互动行为进行分析和研究，从而了解用户的社交行为、用户关系以及用户对内容的参与程度。以下是对微博互动数据进行分析的一些方法和目的。

1. 点赞、转发和评论分析

分析微博用户的点赞、转发和评论行为，可以了解用户对不同内容的喜好和参与度。可以分析互动数量、转发路径、评论内容等指标，从而了解用户对特定内容的兴趣和互动方式。

2. 社交网络分析

可以分析微博用户之间的关系网络，如粉丝关系、关注关系、互动关系等。分析用户的社交网络，可以了解用户的社交圈子、影响力以及用户群体之间的关系，从而为用户提供更具个性化和有针对性的社交推荐。

3. 用户活跃度分析

可以分析微博用户的活跃程度和参与度，如发表微博的频率、互动的频率等。分析用户的活跃度，可以了解用户的行为习惯和参与程度，从而为品牌和营销活动选择合适的目标用户。

4. 话题和事件分析

可以分析微博用户在特定话题或事件上的互动行为，如讨论量、关注度、转发量等。分析用户的互动行为，可以了解用户对不同话题或事件的关注程度和参与态度，从而把握热点话题和舆论趋势。

分析微博互动数据，可以了解用户的社交行为和参与度，把握用户的兴趣和需求，优化内容推荐和增加用户互动。这些分析结果对品牌营销、社交推荐和用户参与度提升等方面都具有重要价值。

↘ 三、微博推广数据分析

微博推广数据分析是指对在微博平台上进行广告或推广活动的数据进行分析和研究，以评估推广效果、优化推广策略和提升广告投放效果。以下是对微博推广数据进行分析的一些方法和目的。

1. 曝光和点击数据分析

分析广告在微博上的曝光量和点击量，可以了解广告的展示效果和点击效果。可以分析广告的曝光率、点击率等指标，从而评估广告的受众覆盖程度和用户的关注程度。

2. 转化率分析

可以分析广告点击后的转化率，即用户通过广告进行了实际的行为，如购买商品、填写表单等。分析转化率，可以了解广告的转化效果和用户对广告的响应程度，从而优化广告的设计和推广策略。

3. 受众分析

可以分析广告受众的特征和兴趣偏好，如年龄、性别、地域、兴趣标签等。分析受众，可以了解广告的目标受众，从而更好地定位广告投放策略和优化受众定位策略。

4. 竞争对手分析

可以分析竞争对手在微博上的推广数据，如广告投放量、曝光量、点击量等。分析竞争对手，可以了解竞争对手的推广策略和效果，从而优化自身的推广策略和提升广告的竞争力。

分析微博推广数据，可以了解广告的展示效果、用户的参与程度和广告投放效果，从而优化推广策略、提升广告效果和提高投资回报率。这些分析结果对广告主和推广者来说都具有重要价值，可以帮助他们做出更加明智的决策和优化推广效果。

↘ 四、微博账号对比分析

微博账号对比分析是指对不同微博账号之间的数据和指标进行比较和分析，以了解它们的差异和优劣势。以下是一些常见的微博账号对比分析方法和目的。

1. 粉丝量和互动量对比

可以比较不同微博账号的粉丝数量和互动量，如点赞、评论和转发数量。进行对比分析，可以了解账号的影响力和受众参与程度，从而评估账号的受众覆盖程度和受众活跃度。

2. 发布内容对比

可以比较不同微博账号发布的内容类型、内容主题和质量。进行对比分析，可以了解账号在内容创作方面的差异和特点，从而评估账号在特定领域或话题上的专业性和吸引力。

3. 受众特征对比

可以比较不同微博账号的受众特征，如年龄、性别、地域、兴趣标签等。进行对比分析，可以了解账号的目标受众和受众定位策略的差异，从而优化账号的受众定位和内容定位。

4. 竞争对手对比

可以比较自身微博账号与竞争对手账号的相关指标和数据。进行对比分析，可以了解竞争对手在粉丝量、互动量、内容创作等方面的优势和劣势，从而借鉴和学习对手的成功经验，优化自身的推广策略和提升账号的竞争力。

进行微博账号对比分析，可以深入了解账号的优劣势、受众特征和竞争环境，从而优化账号的运营策略，提升账号的影响力和用户参与度。这些分析结果对微博账号的拥有者和运营者来说都具有重要价值，可以帮助他们做出更加明智的决策和实施有效的账号运营策略。

↘ 五、网络舆情分析

网络舆情分析包括对网络信息进行采集、去重、抽取、分词、索引、存储和分析等的一系列过程，是进行网络舆论感知、监控与引导的重要依据。如何规范大数据环境下网络舆情信息的及时感知、收集、分析与监管，并及时有效地引导舆情向良好的方向发展，如何实现"传播力决定影响力，话语权决定主导权，时效性决定有效性，透明度决定公信度"的使命，是我国各级政府相关部门面临的现实问题，也是亟待解决的重要课题。

项目实训

↘ 任务一 利用微博传播分析进行微博数据分析

1. 任务概述

小米公司在微博上推出了一项名为"小米360度相机探秘之旅"的营销活动，展示其推出的360度相机的功能和创新之处。该活动旨在吸引用户的兴趣，激发他们对这款产品的好奇心，并鼓励他们参与活动，体验该相机的功能。在活动正式开始之前，小米公司首先进行了预热活动，发布一系列的微博帖子，进行预热，吸引用户的注意。到正式发布阶段，小米公司在微博上发布关于360度相机的消息，包括产品规格、功能和售价等重要信息。同时，小米公司发布了一段精彩的宣传视频，展示360度相机的拍摄效果。

小米公司鼓励用户在微博上分享他们对360度相机的期望、猜测以及对产品的疑问。用户可以使用特定的活动标签或话题，以便小米公司更容易跟踪用户的互动。同时，小米公司还举办了一个360度照片比赛，鼓励用户使用360度相机拍摄创意照片，并分享到微博上。最佳照片可以赢得小米产品或礼品卡等奖品。

在结束一系列活动后，小米公司鼓励用户在活动结束后分享他们的产品反馈和评论，以改进产品和未来的营销策略。

通过这个微博营销活动，小米公司可以有效地吸引用户的兴趣，展示360度相机的功能，并与用户建立互动关系，同时也为产品带来更多的曝光和销售机会。

在活动结束后，小米公司针对本次微博营销活动进行复盘，通过对微博的数据进行分析，以调整后续的微博营销策略。

微博自带的数据平台可以进行数据摘取和分析，接下来将通过微博数据分析工具进行各种与微博账号运营和内容发布相关的数据分析。

2. 任务目标

➢　了解微博传播分析的目的

➢　掌握微博传播分析的方法

3. 任务实施

步骤① 明确分析目的

微博传播分析是指对微博这一社交媒体平台中的信息传播过程进行深度理解、研究和评估。它涉及多个层面，包括但不限于以下几个方面。

（1）传播路径分析：分析某一条微博的传播路径，包括转发、评论和点赞等行为，从而了解该微博的传播效果和影响力。

（2）用户行为分析：通过对微博用户的关注、转发、评论等行为进行分析，了解用户的行为特征和偏好，从而更好地把握目标用户的需求。

（3）舆情监控：通过对微博上的热点事件、话题进行实时监控和分析，了解用户对某一事件、话题的关注度、态度和情绪等，帮助企业或个人及时应对舆情危机。

（4）营销效果评估：通过对微博上的品牌营销活动进行分析，了解活动的效果、受众反馈等情况，从而帮助企业更好地评估营销效果和制定营销策略。

（5）话题分析：通过对微博上的话题进行分析，了解话题的关注度、讨论焦点等情况，从而帮助企业或个人更好地把握市场动态和用户需求。

总之，微博传播分析需要结合具体的需求和目标，从多角度、多层次进行分析，以更好地了解微博的传播特性和用户行为特征，为决策提供更加准确的数据支持。本任务中，将采用微博传播分析对单条微博进行数据分析。

步骤② 进行微博传播分析

在计算机上的操作步骤：登录微博账号，单击头像进入个人主页。在左侧可以找到创作者中心，个人主页如图5-2所示。

图5-2　个人主页

单击"创作者中心"，进入创作者中心后，可以看到这个页面有数据中心、内容管理、私信管理、运营助手、广告中心等内容。在数据中心下可以看到数据总览、视频数据、粉丝数据以及微热点。单击"微热点"，打开网络传播热度指数页面，如图5-3所示。

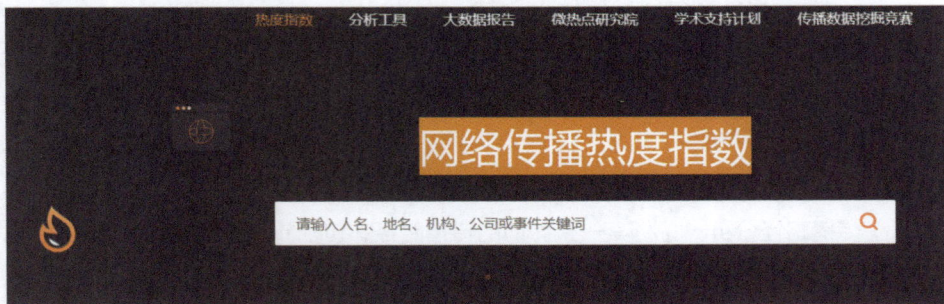

图5-3　网络传播热度指数页面

分析工具里提供了多种非常实用的数据分析工具，其中包含微博传播分析，单击"微博传播分析"，进入分析页面，如图5-4所示。微博传播分析可以对单条微博的传播数据进行分析，首先复制需要分析的微博链接，在输入框中粘贴链接。接着单击"分析"，随后等待系统完成数据分析。最后会得到针对该条微博的传播分析报告。

图5-4　微博传播分析页面

步骤 ③ 总结微博传播分析结果

微博传播分析-转发、覆盖人次如图5-5所示。

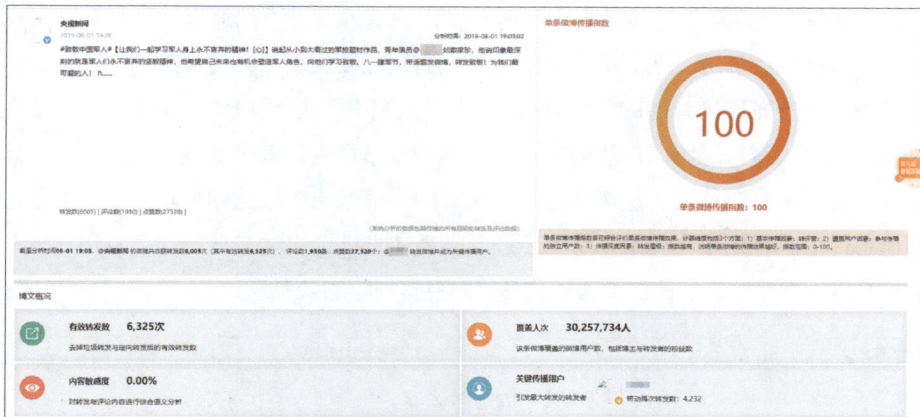

图5-5　微博传播分析–转发、覆盖人次

　　系统分析的数据包括微博的所有层级的转发及评论数据，转发数、评论数、点赞数越高，说明该微博的影响力越强、传播效果越好。分析微博用户的关注、转发、评论等行为，可以了解用户的行为特征和偏好。

　　单条微博传播指数旨在综合评价单条微博传播效果，计算维度包括3个方面。

　　① 基本传播因素：转发、评论、点赞。②覆盖用户因素：参与传播的独立用户数。③传播深度因素：转发层级。

　　指数越高，说明单条微博的传播效果越好，指数范围为0～100。在博文概况中，会显示关键传播用户，即引发最大转发的转发者。微博关键传播用户是指那些在微博传播过程中起到关键作用的用户，他们可能是某些特定领域的专家、意见领袖，也可能是拥有大量粉丝的名人。这些用户通常具有较高的影响力，能够通过发布、转发、评论等行为迅速将信息传播给大量受众，从而推动信息的扩散和传播。

　　分析微博转发评论趋势图可以帮助运营者了解特定微博内容的传播和互动情况，以及相关话题的受欢迎程度。图5-6是某条微博的转发评论趋势图，从趋势图上可以看出，该微博在8月1日14:38发布后，于2019年8月1日15:00达到转发、评论高峰，转发峰值为2 419、评论峰值669，此后微博传播速度逐渐降低。

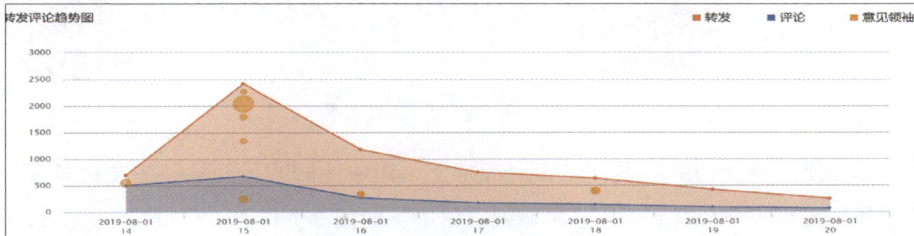

图5-6　转发评论趋势图

115

　　图5-7是转发评论者地域分析，微博转发评论者地域分析的意义在于能够了解信息在不同地区的传播情况，从而更好地掌握受众的属性和特征，为传播策略的制定提供参考。分析微博转发评论者地域分布情况，可以得出不同地区用户对某一信息的关注程度和讨论热度。同时，还可以观察转发评论者地域分布是否具有广泛性或者局限性，如果转发评论者地域分布广泛，说明信息具有较好的传播效果和较强的影响力，反之则可能说明信息传播的范围较为有限。综上所述，微博转发评论者地域分析对了解用户分布和特点、制定运营策略以及评估微博社会影响力具有一定的参考意义。

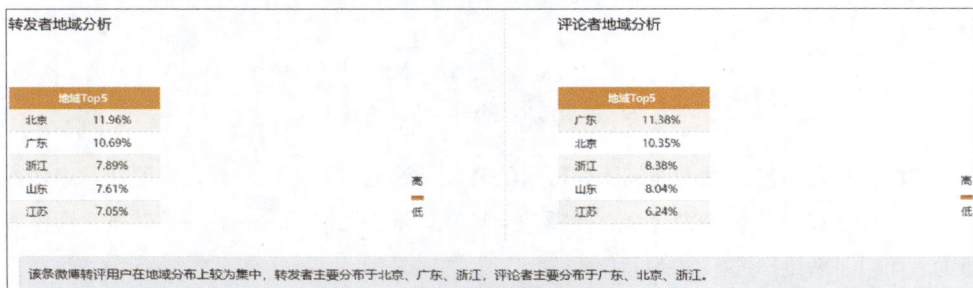

转发者地域分析		评论者地域分析	
地域Top5		**地域Top5**	
北京	11.96%	广东	11.38%
广东	10.69%	北京	10.35%
浙江	7.89%	浙江	8.38%
山东	7.61%	山东	8.04%
江苏	7.05%	江苏	6.24%

该条微博转评用户在地域分布上较为集中，转发者主要分布于北京、广东、浙江，评论者主要分布于广东、北京、浙江。

图5-7　转发评论者地域分析

　　图5-8是该条微博的转发评论者性别分析，了解微博内容的受众性别分布有助于更好地定位目标市场。如果目标受众是特定性别的人群，那么就可以调整内容和营销策略以更好地吸引他们。根据不同性别的兴趣和需求，可以定制内容，使内容更具吸引力。这可以帮助运营者更好地满足受众的期望，提高互动和参与度。广告商和合作伙伴可能会有特定性别的受众目标，通过了解受众性别分布，可以更好地吸引广告商或合作伙伴，获得定向广告或合作机会。在该条微博中，可以看到转发评论者中绝大部分是女性，说明女性对该条微博的兴趣更大。

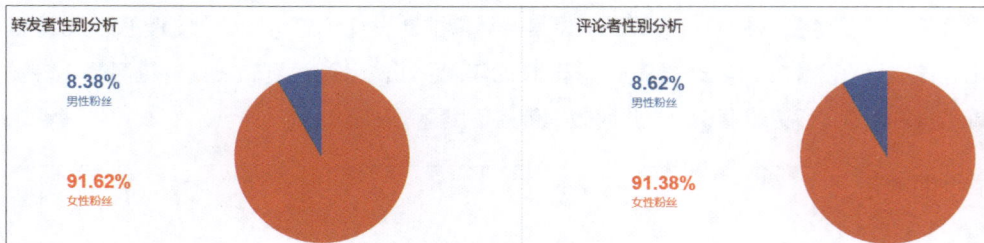

图5-8　转发评论者性别分析

　　图5-9是该条微博的转发评论者兴趣标签，其中比较明显的标签主要有美食、旅游、娱乐。分析这些标签，可以了解转发评论者平时关注的话题、领域或兴趣爱好，从而更好地了解用户兴趣和需求。

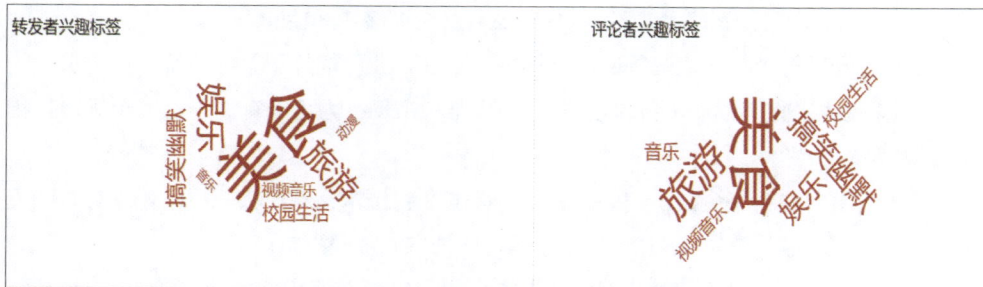

图5-9　转发评论者兴趣标签

↘ 任务二　撰写微博竞品分析报告

1. 任务概述

A公司是一个手机品牌企业，近期A公司的手机销量不佳，市场部准备在多渠道进行广告营销。在制定微博营销策略前，需要参考其他手机品牌的微博数据。华为、小米和三星是全球知名的手机品牌，它们在微博等社交媒体平台上也拥有大量的粉丝。通过对这3个品牌手机的微博营销策略和效果进行分析，运营者可以了解它们的市场竞争状况和发展趋势。运营者可以从以下几个方面出发做竞品分析。

品牌营销：企业可以利用微热点竞品分析，研究市场趋势、消费者需求和竞争对手的策略，以此为基础制定更加精准的品牌营销策略。

产品开发：通过对微热点的竞品分析，企业可以了解市场上同类产品的特点、优劣势以及用户反馈等信息，为新产品的开发或优化提供参考。

市场预测：通过对微热点的发展趋势和未来动向进行分析，企业可以对市场变化做出快速响应，提前做好应对措施。

投资决策：投资者可以通过微热点的竞品分析，了解相关行业的市场格局、企业竞争状况和发展前景等信息，从而做出更加明智的投资决策。

政府监管：政府部门可以通过微热点的竞品分析，了解市场上的热点事件和公众关注焦点，从而更好地指导和监管市场运营。

2. 任务目标

➤　了解微热点竞品分析的操作方法

➤　分析微热点竞品分析的报告内容

3. 任务实施

步骤 1 确定竞品分析的对象

进行微博竞品分析时，可以选择以下对象作为分析目标。

（1）行业内的主要竞争对手。这些竞争对手通常在产品、服务或业务模式上与A公

117

司类似，它们的表现和策略可能对A公司的业务产生直接或间接的影响。

（2）市场领导者。在某些领域或市场中，一些企业可能处于领导地位，具有极大的市场份额和极强的影响力。研究这些企业的战略和市场行为可能有助于理解市场趋势和制定成功策略。

（3）有潜力的新兴企业。一些新兴企业可能在新技术、商业模式或市场趋势方面具有创新性和前瞻性，它们的成功可能预示着行业未来的发展方向。

（4）非直接竞争对手但具有相似特点的企业。这些企业可能在不同的细分市场或行业中，但它们的特点和策略与A公司有相似之处。研究这些企业的成功经验和市场策略可以帮助A公司找到可能的成长机会并为A公司提供战略借鉴。

（5）跨行业的优秀企业。这些企业在其他行业中取得了成功，其策略、商业模式或创新实践可能对A公司具有借鉴意义。

在本任务中，选取了与A公司业务方向一致的3家手机企业的数据进行分析。

步骤 2 创建分析

微热点的竞品分析是一个付费业务，最多可以选定3个竞品名称。填写竞品名称，并进行关键词语和排除词语的设定。完成3个竞品信息的填写后，选择对比时间段，可进行分析，分析报告生成的时间与所选择的对比时长相关。在本任务中，分析了2023年10月4日—10月10日的数据。

创建竞品分析如图5-10所示。

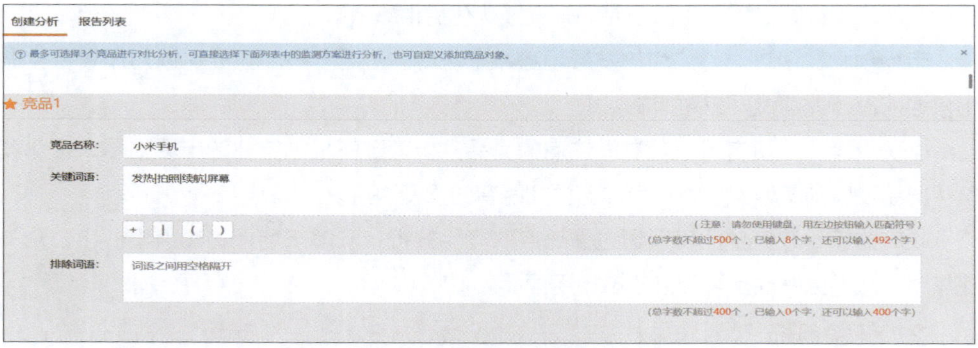

图5-10 创建竞品分析

等待一段时间后，可以在报告列表里看到本账号所进行的所有竞品分析报告，可以直接在线读取报告，也可以将其下载为PDF或Word文件进行查看。

步骤 3 竞品分析数据解读

在本任务中，选取小米手机、华为手机、三星手机3个手机品牌2023年10月4日—10月10日的数据，图5-11所示为3种竞品在过往一周的传播走势分析。

118

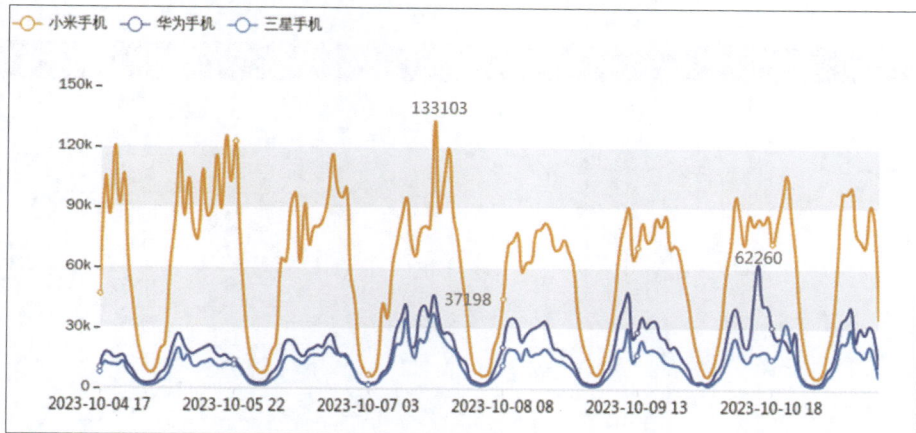

图5-11　传播走势分析

　　在分析时间段内，小米手机的相关信息于2023年10月7日17:00达到最高峰值，传播了133 103条；华为手机的相关信息于2023年10月10日15:00达到最高峰值，传播了62 260条；三星手机的相关信息于2023年10月7日17:00达到最高峰值，传播了37 198条；小米手机在互联网上的传播量最大，合计超过10 267 111条。

　　微博中的正面高频词汇通常传达了用户对某一事物或观点的积极情感倾向、活跃度和参与度、品牌形象和口碑以及用户忠诚度和转化率等方面的意义。小米手机的正面高频词汇主要以体检、快乐、推荐为主；华为手机的正面高频词汇主要以支持、体检、关爱为主；三星手机的正面高频词汇主要以支持、功能、出色为主。具体内容如表5-1所示。企业在微博宣传中应更好地利用正面高频词汇，降低负面影响，同时打造积极的品牌形象。

表5-1　竞品分析高频词汇

序号	监测对象	正面高频词汇
1	小米手机	体检
		快乐
		推荐
		健康
		支持
		预防
		容易
		修复
		水处理
		确保

续表

序号	监测对象	正面高频词汇
2	华为手机	支持
		体检
		关爱
		功能
		清晰
		出色
		简单
		推荐
		完美
		携手
3	三星手机	支持
		功能
		出色
		清晰
		升级
		保障
		值得
		特色
		轻松
		保持

在本竞品分析报告中，还对3个品牌在不同媒体的活跃度进行了对比。小米手机的内容发布主要来自微博，共有3 697 767条，最少来自西瓜视频，共有292 866条；华为手机的内容发布主要来自微博，共有679 921条，最少来自搜狐号，共有85 063条；三星手机的内容发布主要来自微博，共有540 859条，最少来自微信，共有56 134条。具体情况如表5-2所示。

表5-2　不同媒体活跃度对比

序号	监测对象	活跃媒体	发布数量/条
1	小米手机	微博	3 697 767
		抖音	1 813 730
		小红书	960 768
		懂车帝	909 648
		今日头条	555 325
		今日头条微头条	409 098
		微信	296 416
		西瓜视频	292 866

续表

序号	监测对象	活跃媒体	发布数量/条
2	华为手机	微博	679 921
		抖音	412 218
		懂车帝	402 601
		今日头条	260 498
		微信	240 245
		今日头条微头条	155 282
		小红书	120 163
		搜狐号	85 063
3	三星手机	微博	540 859
		懂车帝	327 091
		抖音	302 568
		今日头条	183 904
		今日头条微头条	154 273
		小红书	79 134
		快手	73 007
		微信	56 134

↘ 任务三　运用第三方微博数据分析平台

1. 任务概述

A公司是一个时尚品牌，近期将发布新产品，在新品发布会前要进行新品预热。A公司计划进行社交媒体预热，运用微博、微信、抖音等社交媒体平台，发布有关新品的预告、预热视频、话题讨论等内容，引起用户对新品的关注和期待。同时，安排一系列有趣的挑战、抽奖等营销活动，吸引用户参与互动。除此之外，为了提升活动的热度，需要与KOL合作，如与具有影响力的"网红"、博主等进行合作，让他们在自己的社交媒体平台上推广新品，并进行一些有趣的挑战、试用等活动，增加新品的曝光度。

波波数据平台可以提供专业的KOL账号分析、博文数据监控、微博话题舆情监控等微博数据分析服务，有效辅助品牌投放决策及微博营销，还可以提供博主查找功能，从博主资源查找入手，通过近期数据、发布内容以及粉丝画像3个维度对博主进行价值衡量，并辅助用户进行资源整理和筛选。

2. 任务目标

➤ 掌握第三方微博数据分析平台的分析方法

3. 任务实施

步骤 **1** 确定分析需求

A公司需要明确与KOL合作的目标和需求，例如提高品牌知名度、增加销售额等。

基于目的，搜寻合适的KOL。A公司可以通过搜索引擎、社交媒体、行业网站等多种途径找到合适的KOL，了解其粉丝数量、受众特点、推广方式等信息，选择与自身品牌特点和目标用户群体相符合的KOL。本任务将通过波波数据平台进行数据的搜索和分析。波波数据平台的页面如图5-12所示。

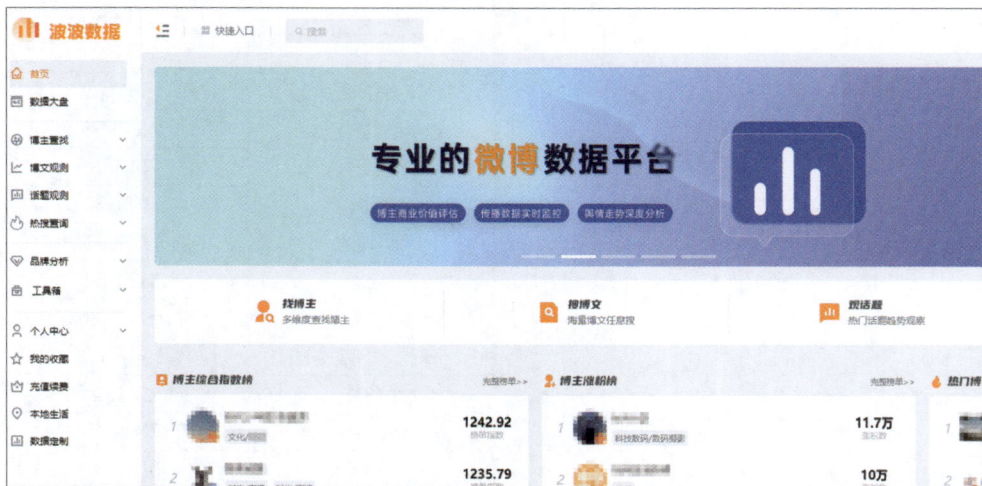

图5-12 波波数据平台首页

步骤 ② 进行博主数据分析

在波波数据平台的首页，可以看到几个热门榜单（见图5-13），分别是博主综合指数榜、博主涨粉榜、热门博文榜。其中，博主综合指数榜反映对微博博主进行综合评估的结果，包括微博粉丝数、转发数、评论数、点赞数等指标，通过对这些指标进行综合计算，能够反映出一个博主在微博平台上的影响力。A公司是时尚品牌，对与时尚相关的博主数据更为关注。

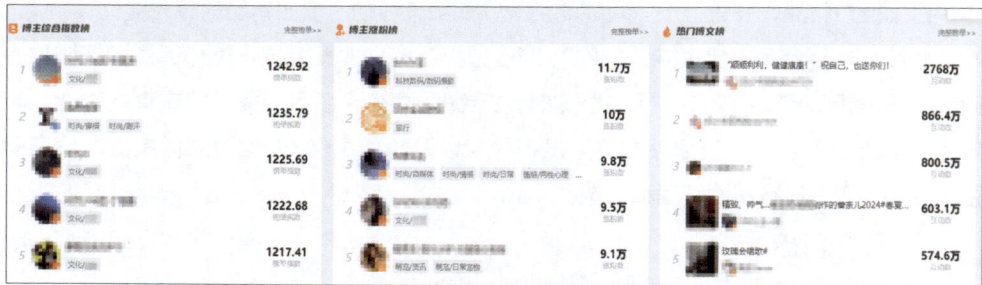

图5-13 波波数据平台热门榜单

波波数据平台提供博主查找工具，可以进行博主搜索、博主排行、博主对比及博主监控。进入博主排行页面，榜单主要分为3个类型，即综合榜、地区榜、涨粉榜。地区榜

中可以选择特定的地区查看该地区的博主排行日榜。图5-14是特定日期下，广东地区的
博主排行日榜。

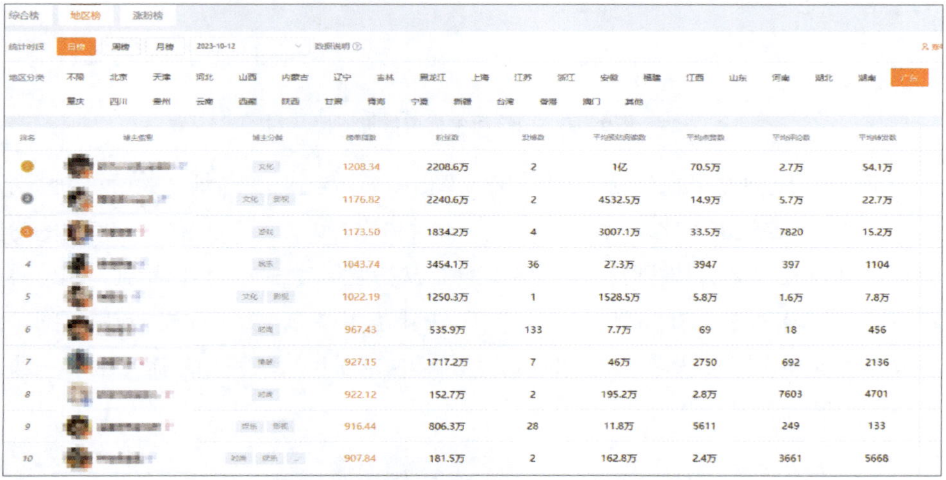

图5-14 波波数据平台广东地区的博主排行日榜

在综合榜页面，设定为日榜，并选择时尚类博主，可以找到综合排名靠前的博主，
博主综合日榜如图5-15所示。

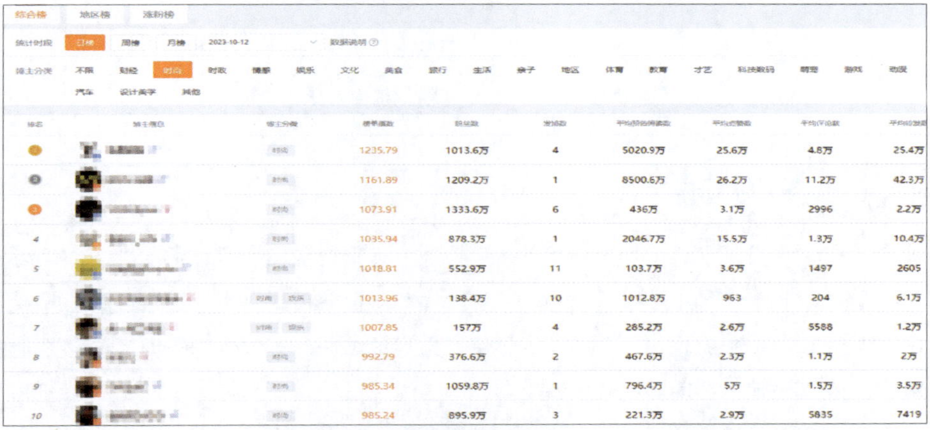

图5-15 波波数据平台博主综合榜日榜

波波数据平台还提供博主对比，可以在其中选择感兴趣的博主，进行数据比较。选
择两个博主，图5-16中给出了两个博主的核心数据对比。A博主的粉丝总量为1 333.6
万，活跃粉丝数为647.3万，30日内发博总数为139；B博主的粉丝总量为1 013.8万，
活跃粉丝数为456.3万，30日内发博总数为38。从数据对比来看，A博主的各项数据均
优于B博主。

核心数据		
性别	女	男
地区	北京	上海
博主认证	蓝V	蓝V
博主分类	时尚/穿搭	时尚/穿搭
粉丝总量	1333.6万	1013.8万
活跃粉丝数	647.3万	456.3万
30日内发博总数	139	38

图5-16 两位博主核心数据对比

还可以对两位博主的粉丝画像进行对比。图5-17中给出了两位博主的粉丝的性别占比、年龄占比以及地区占比。A博主的粉丝中女性占比更大，为76.98%；B博主的粉丝中女性占比为60.79%，性别分布相对更均衡。从粉丝年龄占比中可以看到，两位博主的不同年龄阶段的粉丝占比情况类化，约60%的粉丝集中在19～29岁的年龄区间，约70%的粉丝集中在19～39岁的年龄区间。两位博主的粉丝的地区占比前3名基本一致，为北京、广东、浙江。

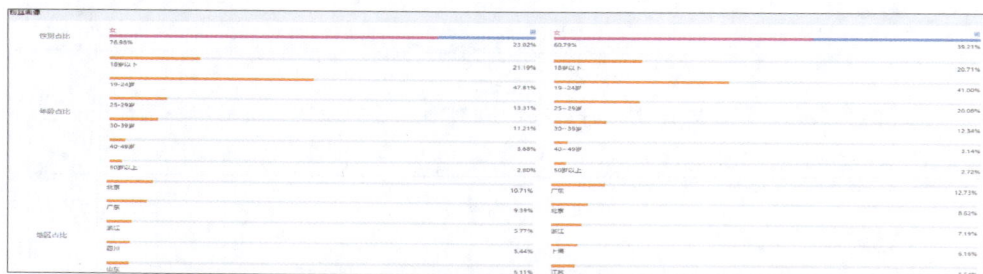

图5-17 两位博主粉丝画像对比

项目小结

本项目主要介绍了微博数据分析的基本概念、分析方法和实际应用。在任务实施过程中，进行了单条微博的传播分析，做了竞品微博数据分析，采用第三方数据分析平台对博主数据进行分析。通过任务练习，读者可以了解微博数据分析的作用，学习灵活进行多平台、多维度的微博数据分析处理。

拓展实训

（1）选择几条感兴趣的博文，进行传播分析，并对数据进行对比。

（2）搜索更多微博数据分析平台，并对不同平台的分析数据进行对比。

项目六
网络直播数据分析

项目概述

　　直播已经深入千家万户，成为广大品牌商家创新运营的"利器"。直播能够为消费者提供更好的购物体验，极大地提高商品销量，因此越来越多的商家和个人瞄准了直播这个风口并积极"进军"。当前人们所说的直播，多数情况下是基于互联网的直播。本项目所讲的直播也是基于互联网的直播。

　　为了更好地挖掘直播观众的需求，找出具有价值的直播内容与直播带货商品，为直播运营者提供运营决策与指导，进行直播数据分析不可或缺且十分重要。目前很多网络直播平台提供了直播用户数据、带货商品数据、直播互动数据和直播交易数据的分析，本项目主要介绍与直播相关的数据内容、直播平台以及主流的直播数据分析平台的使用，让运营者学会查看直播数据，看懂数据分析平台的分析结果与关键的分析指标，以便获取有价值的信息。在项目实施过程中，运营者需要时刻关注数据的时效性、全面性，以便做出正确合理的决策。

　　网络直播行业自2012年起在全球范围内兴起，并以游戏直播、电商直播、娱乐直播等为主要领域。我国的网络直播市场在2014年以后飞速发展，市场规模逐年扩大，截至2023年6月，我国网络直播用户规模达7.65亿人。

　　在这个过程中，网络直播平台得到了迅速且多样化的发展，斗鱼、虎牙、哔哩哔哩等游戏直播平台，淘宝、京东、拼多多等电商直播平台，抖音、快手等短视频平台都已经涉

足网络直播领域。这些平台不仅涵盖了多个领域，而且直播内容丰富多样，包括娱乐、教育、购物、新闻等多个领域，满足了人们多样化的需求。

在网络直播技术的不断发展以及网络环境不断进步的背景下，网络直播平台以其独特的传播方式，迅速吸引了大众的目光，并迎来了急速的发展。同时，随着直播平台越来越多，直播平台开发行业也发生了翻天覆地的变化，这也让更多有才华的人能够展示他们的才华。

直播平台可以根据不同的标准进行分类，例如根据内容类型、目标受众、运营模式等进行分类。根据内容类型，可以将直播平台分为泛娱乐、垂直领域和社交互动3类。泛娱乐直播平台以秀场直播和游戏直播为主，注重娱乐性和游戏性；垂直领域直播平台则聚焦于特定领域，如教育、购物、健身等，专业性较高；社交互动直播平台则以社交互动为主要目的，以直播的形式加强人们之间的联系。

当今主流的直播平台主要包括以下几个。

1. 抖音

作为中国最大的社交短视频平台之一，抖音不仅拥有庞大的用户基数，还能通过强大的算法和用户画像能力，根据用户兴趣和行为推荐相关内容。它的直播功能尤其受到用户的喜爱，其直播内容不仅有各类才艺表演，还涵盖日常分享、电商直播等。抖音直播的优势在于其广泛的用户覆盖、丰富的内容以及强大的流量。其出色的算法能够准确地向用户推送他们可能感兴趣的直播内容，从而提升用户的活跃度和黏性。

2. 快手

快手是国内以短视频为主的直播平台，用户群体庞大且广泛。该平台的优势在于用户活跃度高，创业者可以通过快手直播与用户进行互动，迅速积累粉丝和流量。截至2022年10月20日12时，快手直播累计观看人次突破2.3亿，其中女性用户占比达70%，同时日均视频播放量超过1亿次。此外，快手直播也是国内首个提供VR（虚拟现实）直播服务的平台，为用户提供视频、图片、文字多种形式的互动与交流，使用户在虚拟世界中更好地沟通，也增强了用户在直播中进行消费的意愿。

3. 斗鱼

斗鱼是一家综合性直播平台，涵盖了游戏直播、娱乐直播、教育直播等直播领域。该平台拥有一支庞大的主播团队，以及具有专业性和权威性较高的直播内容。斗鱼的优势在于其专业的主播团队、高质量的直播内容以及精准的推荐算法。用户可以根据自己的喜好关注特定的主播或者频道，平台会根据用户的喜好推送相关的直播内容。同时，斗鱼对直播内容的审核较为严格，能够保证直播内容的品质。

4. 哔哩哔哩

哔哩哔哩是一家以ACG（动画、漫画、游戏）文化为主要内容的弹幕视频分享网站。该平台上汇聚了很多原创作者和二次元文化爱好者，同时也吸引了大量名人入驻。哔哩哔哩的优势在于其独特的用户群体、多样化的内容以及良好的互动性。该平台的用户主要是"90后"和"00后"等年轻人群，他们不仅喜欢观看视频内容，还喜欢留言、评论和发弹幕互动。哔哩哔哩上也有很多原创的动漫、游戏、影视等内容，这些内容往往能够吸引大量的粉丝。此外，哔哩哔哩还为名人提供了专属的频道和板块，让他们可以在平台上与粉丝互动和分享内容。

优质的直播内容是吸引观众观看直播的关键因素。一般来说，评价直播内容质量的标准有两个：一是内容的精彩程度，二是内容的表现形式。

挖掘直播观众需求痛点时，首先，主播要对自身的能力与优势有充分的了解，并对竞争对手的直播内容和特点进行深入分析，以开展差异化的内容定位，通过细分内容来寻找观众的需求痛点；其次，主播要对观众心理进行深入的分析，只有对观众有了充分的了解，才能更精准地挖掘观众的需求，从而打造符合其需求的直播内容。

数据分析是通过数据的形式把各方面情况反映出来，使运营者更加了解运营情况，然后寻找解决问题的方法，便于调整和优化运营策略。网络直播平台可以通过对用户数据、商品数据、互动数据和交易数据的分析，获取有价值的信息。直播数据分析主要是利用直播中形成的客观数据对直播进行复盘，体现的是直播的客观效果。例如，分析直播间累积观看人数、累积订单量和成交额、人均观看时长等数据。

学习目标

知识目标

➤ 了解直播数据分析的作用

➤ 了解常用直播数据分析指标

技能目标

➤ 能够正确使用飞瓜数据平台分析数据

➤ 能够正确使用蝉妈妈数据平台分析数据

➤ 掌握直播数据分析常用指标

素质目标

➤ 理解直播营销的效果判断标准

➤ 培养耐心细致和勤于总结的精神

学思融合

随着互联网技术的发展，以直播为代表的KOL带货模式给消费者带来了更直观、生动的购物体验，该模式转化率高、营销效果好，已经成为电商平台、内容平台的新增长动力。数据显示，2021年，中国直播电商行业的总规模达到12 012亿元，预计到2025年规模将达到21 373亿元。数据显示，2022年中国在线直播用户规模达到6.6亿人，涵盖了游戏直播、秀场直播、生活类直播、电商直播等，说明观看直播逐渐成为人们的上网习惯之一，而庞大的直播用户体量是直播电商行业进行商业变现的前提之一。

事实上，近年来随着直播带货消费模式的兴起，中国市场已显示出强大的潜力和活力，并加快了实体商业数字化转型的步伐，越来越多的企业开始加码直播带货，中国直播行业已成为经济复苏的重要平台，并呈现出新的变化。

不同的直播平台有不同的特点。例如，抖音注重短视频和社交分享，哔哩哔哩注重弹幕和互动，斗鱼注重游戏直播和赛事直播等。网络直播的产业链比较复杂，涉及平台、观众、广告商等多个方面。例如，平台需要提供优质的直播内容来吸引观众，观众需要选择适合自己的直播内容来观看，而广告商则需要选择合适的直播平台进行广告投放。

随着互联网技术的不断发展和普及，网络直播的未来发展前景非常广阔。例如，虚拟现实（Virtual Reality，VR）和增强现实（Augmented Reality，AR）技术的引入，将使网络直播更加真实，使观众有沉浸式和交互式的体验；人工智能技术的引入，将使网络直播更加智能化和个性化。

总的来说，网络直播是一种非常有前途的互联网产业，它将继续发展和壮大，同时也需要政府、企业和个人共同努力来推动其健康发展。

知识基础

一、网络直播数据分析概述

网络直播平台可以通过对用户数据、商品数据、互动数据和交易数据的分析，获取有价值的信息。以下是对这些数据进行分析的一些常见方法和目的。

1. 用户数据分析

通过分析用户数据，平台可以了解用户的特征、兴趣和行为习惯，从而更好地满足用户需求和提供个性化服务。用户数据分析可以分析用户的注册信息、观看行为、互动行为、用户画像等。通过分析用户数据，平台可以发现用户喜好的内容类型、热门主播、用户留存率等。

2．商品数据分析

通过对网络直播平台上销售的商品数据进行分析，平台可以了解商品的销售情况、热门商品和潜在的销售机会。平台可以分析商品的销售量、销售额、销售渠道、用户评价等信息，以便更好地优化商品推荐和促销策略，并为商家提供经营建议。

3．互动数据分析

互动数据分析关注用户与主播之间的互动行为，如点赞、评论等。通过分析互动数据，平台可以了解用户对直播内容的喜好程度、用户参与度以及互动行为对直播效果的影响。这些信息可以帮助平台优化直播内容，提高用户参与度和互动体验。

4．交易数据分析

交易数据分析是对用户在直播平台上的购买行为进行分析。平台可以分析用户的购买频次、购买金额、购买渠道、支付方式等信息，以便了解用户的消费习惯和购买偏好。基于交易数据分析，平台可以提供个性化的推荐和促销策略，提高用户的购买转化率和用户满意度。

通过对这些数据进行综合分析，网络直播平台可以更好地了解用户需求、优化内容推荐、提升用户参与度和购买转化率，从而实现平台的商业目标和提高用户满意度。

二、网络直播的用户数据分析

网络直播的用户数据分析是指对网络直播平台上用户行为和数据进行分析，以了解用户的兴趣、行为习惯和需求。以下是一些常见的网络直播用户数据分析方法和目的。

1．用户活跃度分析

分析用户的登录频率、观看时长和参与互动的次数等指标，可以了解用户在网络直播中的活跃程度。这有助于评估平台的用户黏性和用户参与度，从而优化平台的内容推荐和用户互动策略。

2．用户兴趣和偏好分析

分析用户观看的直播内容类型、观看时段和频次，可以了解用户的兴趣爱好和偏好。这有助于平台了解用户需求，优化内容推荐和个性化推荐算法，提供更符合用户兴趣的直播内容。

3．用户转化和留存分析

分析用户的注册、关注和付费行为，可以了解用户的转化率和留存率。这有助于评估平台的用户留存能力和用户付费意愿，从而优化平台的用户增长策略和用户价值提升策略。

4．用户行为路径分析

分析用户在平台上的浏览轨迹和点击行为，可以了解用户的行为习惯和行为路径。这有助于优化平台的页面布局和内容导航，提升用户体验和用户转化率。

5．用户反馈和意见分析

分析用户的评论、投诉和建议，可以了解用户对平台的意见和反馈。这有助于平台改进和优化服务，提升用户满意度和忠诚度。

通过网络直播的用户数据分析，平台可以更好地了解用户需求和行为，优化平台的内容推荐、用户互动和用户增长策略，为用户提供更好的体验，吸引更多的用户参与和支持。同时，用户数据分析对平台运营者和内容创作者也具有重要价值，可以帮助他们更好地理解用户，使其提供更符合用户需求的直播内容，实现商业价值，提高用户满意度。

⅛ 三、网络直播的商品数据分析

网络直播的商品数据分析是指对网络直播平台上销售的商品进行数据分析，以了解商品的销售情况、用户购买行为和消费趋势。以下是一些常见的网络直播商品数据分析方法和目的。

1．商品销售分析

分析不同商品的销售额、销售量和销售渠道等指标，可以了解商品的热销程度和市场需求。这有助于平台和商家了解哪些商品受欢迎，以此加强商品的供应链管理和制定库存规划。

2．用户购买行为分析

分析用户的购买频次、购买金额和购买渠道等指标，可以了解用户的购买习惯和消费偏好。这有助于平台和商家了解用户的消费需求，优化商品的定位和营销策略，提供更符合用户需求的商品。

3．商品推荐和个性化推荐分析

分析用户的购买历史和兴趣偏好，可以实现个性化的商品推荐。这有助于提升用户的购买转化率和用户满意度，优化平台的商品推荐算法和个性化推荐策略。

4．价格优化和促销策略分析

分析商品的定价和促销活动的效果，可以了解商品的价格敏感度和促销策略的效果。这有助于平台和商家制定合理的价格策略和促销方案，提高销售额和利润。

5．用户评价和反馈分析

分析用户的评价和反馈，可以了解用户对商品的满意度和改进意见。这有助于平台和商家改进商品质量和服务，提升用户口碑和忠诚度。

通过网络直播平台的商品数据分析，平台和商家可以更好地了解商品销售情况、用户购买行为和消费趋势，优化商品的供应链管理、定价策略和营销策略，提供更好的购物体验，吸引更多的用户购买商品。同时，商品数据分析对平台运营者和商家也具有重要价值，可以帮助他们更准确地了解市场需求和用户需求，使其提供更具竞争力的商品和服务，实现商业价值，提高用户满意度。

四、网络直播的互动数据分析

网络直播的互动数据分析是指对网络直播平台上用户的互动行为进行数据分析，以了解用户参与度、互动方式和互动效果。以下是一些常见的网络直播互动数据分析方法和目的。

1．观众参与度分析

分析观众的观看时长、观看频次和观看人数等指标，可以了解观众对直播内容的关注程度和参与程度。这有助于主播和平台了解直播的受欢迎程度，优化直播内容和互动方式，提高观众的黏性和留存率。

2．礼物和打赏分析

分析观众的送礼物和打赏行为，可以了解观众对主播的支持和认可程度。这有助于主播和平台了解观众的付费意愿和消费能力，优化直播的变现方式和激励机制，增加收入，提高用户忠诚度。

3．弹幕和评论分析

分析观众的弹幕和评论内容，可以了解观众的实时反馈和互动需求。这有助于主播和平台了解观众的意见和建议，改进直播内容和互动方式，提升用户满意度和互动体验。

4．社交分享和转发分析

分析观众的社交分享和转发行为，可以了解直播内容的传播效果和影响力。这有助于主播和平台扩大观众范围和影响力，增加直播的曝光度和用户参与度。

5．互动效果评估

综合分析观众的参与度、互动行为和直播效果，可以评估直播的互动效果和用户满意度。这有助于主播和平台了解直播的优势和改进空间，优化直播策略和运营模式，提高直播的效果和商业价值。

通过网络直播的互动数据分析，主播和平台可以更好地了解观众的参与度、互动行为和互动效果，优化直播内容、互动方式和运营策略，提供更好的观看和参与体验，吸引更多的观众参与和支持。同时，互动数据分析对主播和平台运营者也具有重要价值，可以帮助他们更准确地了解观众需求和互动偏好，使其提供更具吸引力和互动性的直播内容，实现商业价值，提高用户满意度。

五、网络直播的交易数据分析

网络直播的交易数据分析是指对网络直播平台上的交易行为进行数据分析，以了解用户的消费行为、交易趋势和商业价值。以下是一些常见的网络直播交易数据分析方法和目的。

1. 商品销售分析

分析直播平台上商品的销售量、销售额和销售趋势，可以了解商品的热度和受欢迎程度。这有助于商家和平台了解用户的购买需求和偏好，优化商品的选择和推荐策略，提高销售额和用户满意度。

2. 付费内容分析

分析付费内容的购买量、购买率和收入情况，可以了解用户对付费内容的接受程度和购买意愿。这有助于商家和平台确定付费内容的定价策略和内容创作方向，增加收入，提高用户忠诚度。

3. 促销活动效果评估

分析促销活动的参与人数、转化率和销售增长情况，可以评估促销活动的效果和商业价值。这有助于商家和平台了解促销活动的吸引力和效果，优化促销策略和资源配置，提高销售额和用户参与度。

4. 用户消费行为分析

分析用户的消费时间、消费频次和消费偏好，可以了解用户的消费习惯和行为模式。这有助于商家和平台进行用户分群和个性化推荐，提供更符合用户需求的商品和服务，增加用户黏性和忠诚度。

5. 支付方式和地域分析

分析用户的支付方式和地域分布，可以了解不同地区和用户群体的消费特点和支付习惯。这有助于商家和平台制定地域性的销售策略和支付渠道，提高交易成功率和用户体验。

通过网络直播的交易数据分析，商家和平台可以更好地了解用户的消费行为、交易趋势和商业价值，优化商品选择、定价策略和推荐系统，提供更好的购物体验和服务，增加交易量，提高用户满意度。同时，交易数据分析对商家和平台运营者也具有重要价值，可以帮助他们更准确地了解市场需求和用户行为，使其优化运营策略和营销活动，实现商业价值，增强盈利能力。

项目实训

任务一　通过账号后台获得直播数据并分析

1. 任务概述

小李是一家知名美妆品牌的网店运营，他定期会在抖音上进行直播销售活动，以推广其新产品并增加销售额。在美妆行业的激烈竞争中，该美妆品牌正在积极利用美妆直播数据分析来提高其在线销售额和品牌知名度。该美妆品牌聘请了一位知名的美妆博主作为代言人，并在抖音上进行了直播活动。近期直播的效果时好时坏，为了了解具体情况，老板老张请小李整理一下近期网店账号的直播数据，随后再对数据进行分析，了解直播数据反映的问题，运用数据分析来了解直播观众的需求和行为，为优化直播内容、提升直播质量和效果提供参考。

小李积极收集与美妆直播有关的各种数据，包括观众观看时长、观众地理位置以及观众互动（如评论、点赞、购买产品）。这些数据能为该美妆品牌提供宝贵的信息，帮助其更好地了解观众的喜好和购买意愿。

通过分析观众行为，该美妆品牌可以确定哪些美妆产品或教程吸引了观众，以及观众在不同时间段的在线停留时间。这些结论有助于该美妆品牌调整直播内容和产品推广策略，以更好地满足观众需求。

通过数据分析，该美妆品牌还可以评估不同美妆产品的推广效果，了解哪些产品获得了更高的关注和销售量，从而更好地优化产品组合和推广策略。

2. 任务目标

➤ 掌握通过直播平台获取数据的方法

➤ 对直播数据进行分析

3. 任务实施

步骤 ① 通过直播平台的后台获取数据

以抖音直播为例，直播数据获取的步骤如下。

（1）打开抖音App，点击右下角"我"，再点击顶部右侧的菜单栏，即可找到抖音创作者中心，如图6-1所示。

（2）点击"抖音创作者中心"，然后点击"全部"，在"我的服务"可以看到数据中心，如图6-2所示。

（3）进入数据中心后，点击"数据全景"，并点击"直播"，可以看到直播的数据，如图6-3所示。

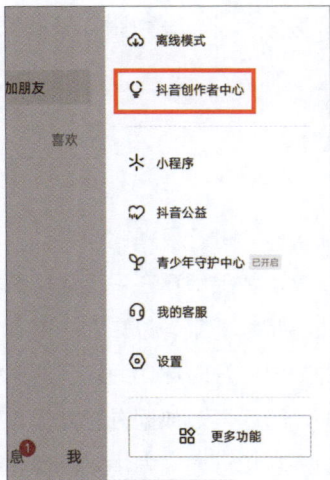

图6-1 抖音创作者中心

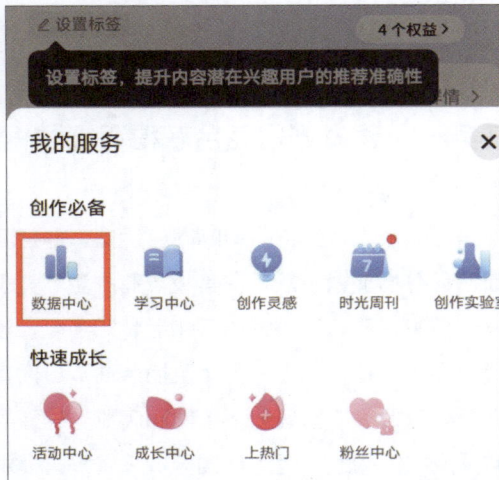

图6-2 抖音数据中心

（4）点击"更多"，可以看到数据总览、直播场次、粉丝分析3个子菜单，如图6-4所示，依次点击即可获得对应内容的数据分析。数据总览中包含了近期的直播数据及粉丝数据。

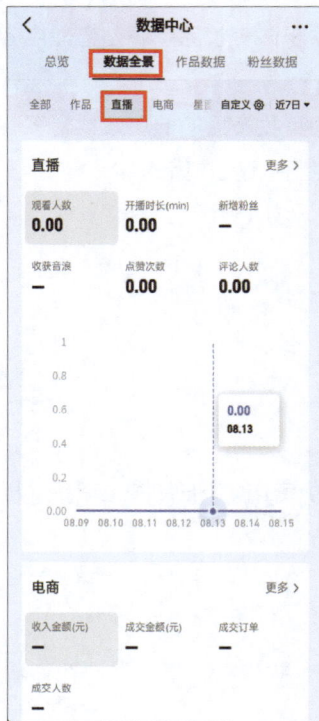

图6-3 抖音数据全景

图6-4 数据总览

直播场次中显示今日直播数据，主要包括收获音浪、新增粉丝、观众人数、送礼人数、评论人数、点赞次数、音波收入、会员收入、装扮推广等数据，如图6-5所示。

图6-5　直播场次

粉丝分析中包含了粉丝变化趋势和粉丝画像，粉丝画像包含粉丝用户的活跃时间段、粉丝的视频内容消费兴趣标签、粉丝的性别/年龄/地域分布数据，如图6-6所示。

图6-6　粉丝分析

步骤 ② 分析数据

在账号后台获取到基本的数据后，要对数据进行分析，可以采取对比分析法，即将实际数据与基数数据进行对比，通过分析实际数据与基数数据之间的差异，了解实际数据并查找影响实际数据的因素。根据分析采用基数的不同，分析方法可以分为同比分析法和环比分析法。同比分析法是指将当前时间范围内的某个时间位置的数据与上一个时间范围内的相同时间位置的数据进行对比和分析，环比分析法指的是将当前时间范围的数据与上一个时间范围的数据进行对比和分析。进行对比分析，可以找出偏离平均值或者预期值较多的数据。无论数据是高于还是低于平均水平，都应继续分析当天直播的具体情况，找出数据异常的原因，对异常情况进行修正。

任务二 采用蝉妈妈进行直播数据分析

1. 任务概述

A品牌近期进行了一场时长为14小时的抖音直播，在14小时的直播中，一共上架了139款产品，客单价为576.94元，高于日常直播场次的客单价。在对这场直播的数据进行深入的分析后，A品牌发现这场直播的选品策略主要是针对直播间的粉丝，准备了很多款数码产品。其中，iPhone12手机是一个"爆款"产品，该产品3条链接的销售额都超过了1 000万元，最高销售额超过了4 000万元。

此外，还有很多高单价产品也取得了不错的销售额，比如单价4 399元的某智能按摩仪销量566件，销售额约249万元；单价3 988元的桂林五天四夜游卖出了245单，销售额达到97.7万元。经过一年半的直播实战，A品牌的直播间已经积累了很多能够消费高单价的忠实用户。

在对自身直播数据进行分析后，A品牌想了解更多有关抖音直播行业或直播账号的数据，为优化自身直播数据提供参考。

2. 学习目标
➢ 根据需求挑选第三方直播数据分析平台
➢ 了解蝉妈妈直播数据分析的方法

3. 任务实施

步骤 ① 提取需求，挑选数据分析平台

本任务中，分析的需求是分析直播行业或其他直播账号的数据，并且关注抖音直播数据。因此，我们选择蝉妈妈数据平台进行数据分析。蝉妈妈在抖音直播领域具有深厚的技术积累和数据分析经验，可以提供全方位的直播数据分析服务，包括直播间流量分析、商品销售分析、观众行为分析等多个方面，帮助主播和团队更好地了解直播数据，优化直播策略。蝉妈妈还提供实时数据支持，帮助主播和团队在直播过程中及时调整策略，增强直播效果。蝉妈妈提供数据可视化功能，可以将复杂的数据通过图表等形式清晰地展示出来，帮助主播和团队更直观地理解数据，更好地掌握直播情况。蝉妈妈提供多维度分析功能，可以从不同的角度对直播数据进行深入的分析。比如，蝉妈妈可以分析直播间流量来源、观众画像、商品销售情况等多个方面，帮助主播和团队更好地了解直播数据的全貌。蝉妈妈还可以进行竞品对比分析，帮助主播和团队了解自己直播间的优势和劣势，以及竞品直播间的优缺点，从而帮助其更好地制订直播策略和销售计划。蝉妈妈提供数据跟踪和预测功能，可以对直播数据进行持续的跟踪和预测。这可以帮助主播和团队及时发现直播过程中出现的问题，并及时制定相应的解决方案，提高直播效果和收益。

步骤② 打开账号主页

进入蝉妈妈网站，登录个人账号，网站首页如图6-7所示。导航栏有全局搜索功能，并有分类入口，用户可以一键查看达人、商品、直播、视频、小店、品牌、工具/报表、本地生活等内容。首页还提供丰富的榜单，同一个类别的榜单内容集中展示，更加简洁明了。同时，用户还可以在该页面进行多个榜单快速切换。

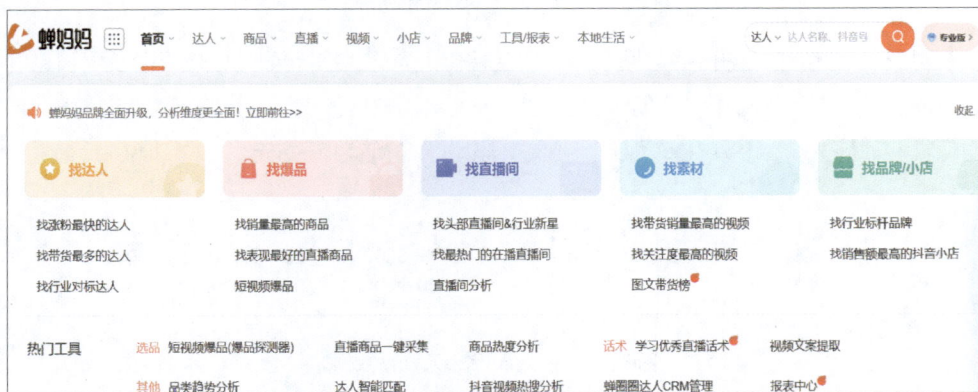

图6-7　蝉妈妈网站首页

步骤③ 试用全局搜索功能

搜索"米奇"，并设定达人分类为"科技数码"，可以看到相关的达人排行，如图6-8所示。可以根据粉丝总量、粉丝增量、平均点赞数、平均赞粉比、直播场次、直播平均场观、场均销售额进行排序。

步骤④ 挑选达人进行数据分析

单击达人头像可进入详细信息页面，此处单击第一个达人头像，可以看到该达人粉丝总数为221.5万，粉丝团数为5万，带货口碑为4.85分，带货水平为头部达人，如图6-9所示。

图6-8　限定搜索参数后得到的达人排行榜

图6-9　某达人数据总览

图6-10为该达人的直播数据总览。平台提供近7天、近15天、近30天以及更长时间的直播数据。在本任务中，我们查看了近30天的直播数据。该达人近30天直播46场，场均观看17.1万人，带货转化率为0%～5%，场均UV价值为2～3元。

图6-10　某达人近30天直播数据

图6-11为该达人近30天的直播趋势分析，对比该达人的直播记录，可以看到9月28日、9月29日两天并未开播。其他时间，直播间的观看人次相对稳定。

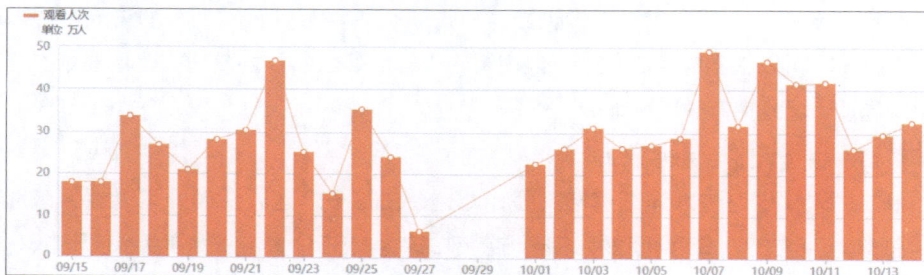

图6-11　某达人近30天直播趋势分析

该达人直播间观众的平均停留时长较为均衡，近30天观众平均停留时长大多在150分钟到180分钟，并且有上涨的趋势，如图6-12所示。

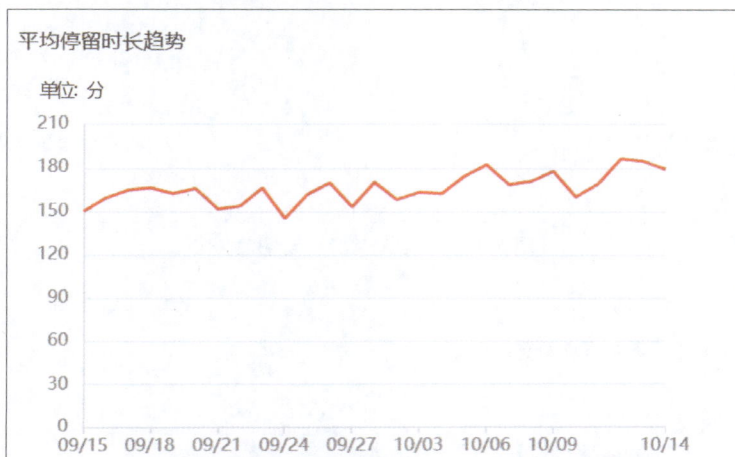

图6-12　某达人直播间观众平均停留时长趋势

在图6-13中，可以看到UV价值有逐步上升的趋势。

图6-13　产出趋势

接下来进行粉丝分析，同样可以设定分析时长，默认时间为30天。在图6-14中可以看到粉丝趋势和粉丝团趋势，这二者变化趋势基本一致，尽管每天的增量有所波动，但总量一直平稳上升。

如图6-15所示的粉丝画像中可以看到，该达人粉丝中以男性居多，粉丝年龄集中在24～40岁，分布在广东、江苏、山东的粉丝居多。

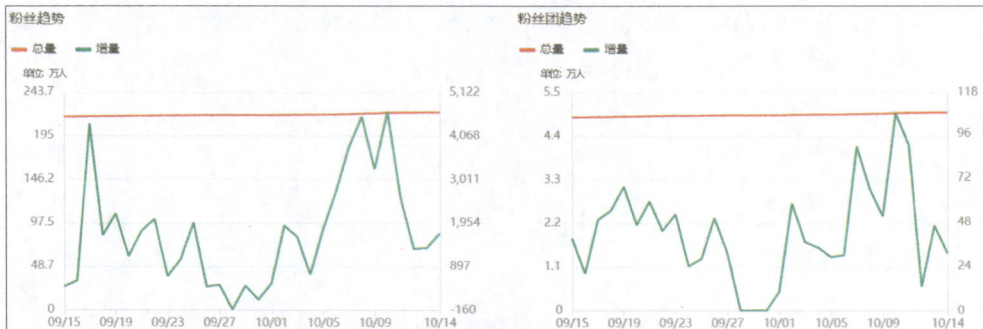

图6-14　粉丝趋势及粉丝团趋势

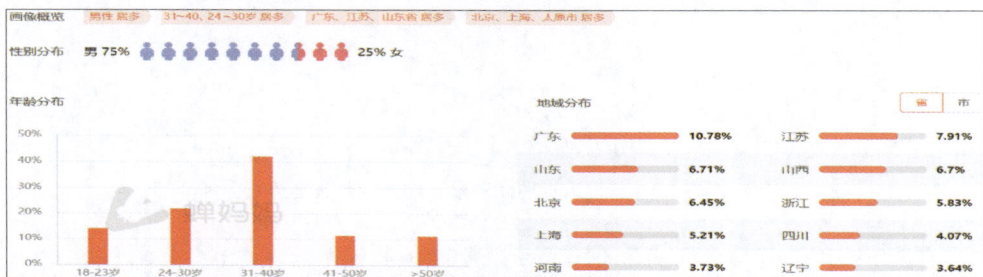

图6-15　粉丝画像

步骤 ⑤ 进行不同达人数据的对比

挑选两位达人进行数据对比，这两位达人都是科技数码类达人，粉丝数接近，都是190万左右，如图6-16所示。接下来对他们的直播数据进行对比。

所属机构	暂无	暂无
分类	科技数码	科技数码
粉丝数	190.9万	190.4万
粉丝团	4.6万	10万

图6-16　基础数据对比

从图6-17可知，这两位达人累计直播场次相近，分别为1 229场和1 017场。从近30天场均销量上看二者差别较大，前者为75～100件，后者为1 000～2 500件。但二者的近30天场均销售额接近，说明前者的客单价明显高于后者。前者近30天场均UV价值为10+元，后者为5～10元。

累计直播场次	1 229场	1 017场
近30天场均销量	75—100件	1 000—2 500件
近30天场均销售额	25万—50万	25万—50万
近30天场均UV价值	10+元	5—10元
近30天场均停留时长	1分12秒	52秒

图6-17　直播数据总览对比

从图6-18可知，前者的周均开播场次为8次，后者为5次。月均开播场次中前者为36次，后者为23次。近30天场均观看人次前者为2.2万，后者为6.2万。在近30天观众互动率方面，前者为28.06%，明显优于后者（5.46%）。

周均开播场次	8	5
本月场次	19	15
月均开播场次	36	23
近30天场均观看人次	2.2万	6.2万
近30天观众互动率	28.06%	5.46%

图6-18　详细直播数据对比

↘ 任务三　进行快手直播平台数据分析

1. 任务概述

通过前面两个任务，我们学习了如何对抖音直播数据进行分析，接下来挑选第三方数据分析平台，对快手的数据进行分析。

2. 学习目标

➤　学习第三方数据分析平台的检索方法

➤　对比不同网站的分析数据

3. 任务实施

步骤 ① 进行第三方数据分析平台的检索

本任务中，我们将对快手直播数据进行分析。通过网络检索，可以查到飞瓜数据、灰豚数据等平台，接下来将依次用它们进行数据分析。

步骤 2 采用飞瓜数据进行直播数据分析

打开飞瓜数据快手版首页，进入工作台，如图6-19所示。首页可以进行全局搜索，也可以在页面左侧按需求进行功能查找。页面中显示了正在进行直播的热门主播，其后侧还有直播预告、我关注的直播、开播提醒管理等模块。

图6-19　飞瓜数据快手版工作台

点击左侧的"直播分析"，包含多个板块，即直播搜索、实时热门直播、直播数据大盘、带货直播榜、直播预告广场、直播对比等内容。进入直播数据大盘，如图6-20所示。在00:00过后，直播热度逐步下降，在04:00过后，直播热度逐步上升。

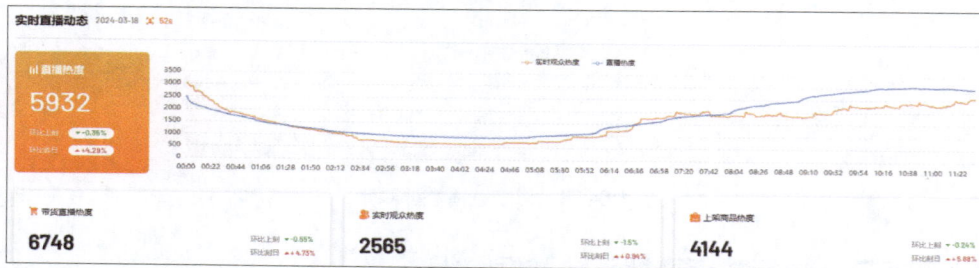

图6-20　直播数据大盘-直播热度趋势

查看实时流量分布信息，如图6-21所示。目前直播间数、观看人数、预估销售额较高的都集中在粉丝数为10万～50万的直播间。由于该分析是实时进行的，因此不同时段实时流量分布会有所不同。

图6-21　实时流量分布

进行直播数据画像分析，如图6-22所示，观看直播的观众中女性占比更大，为64.09%。年龄分布中，占比最大的是31～35岁，占到23%。地域分布的前3名为河北（13.72%）、辽宁（10.72%）、山东（9.25%）。

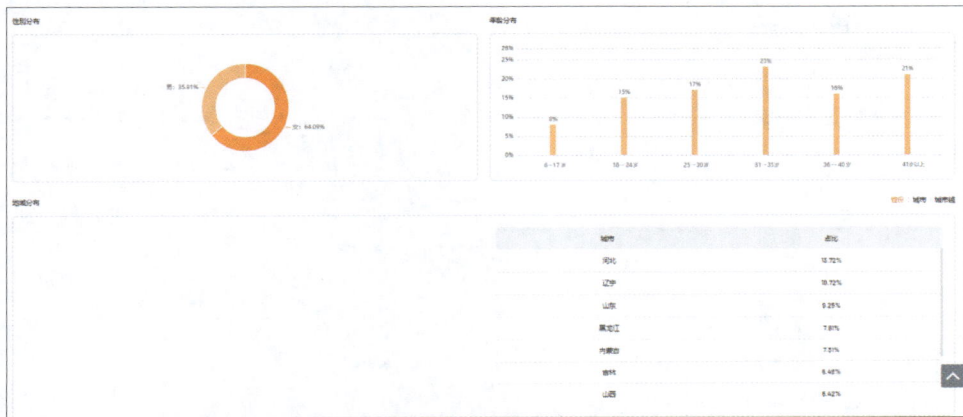

图6-22　直播数据画像

步骤③ 采用灰豚数据进行直播数据分析

打开灰豚数据快手版首页，进入工作台，如图6-23所示。首页提供全局搜索，左侧为详细功能列表。

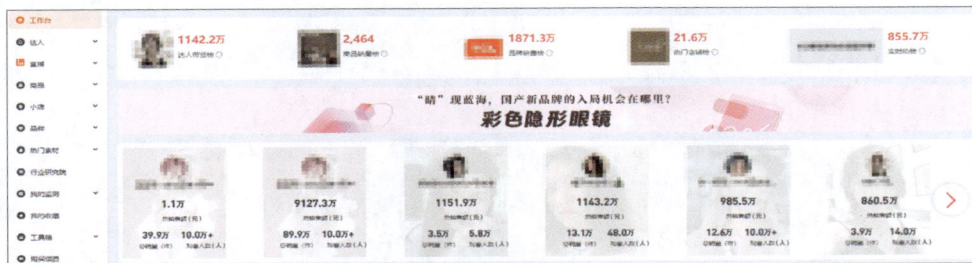

图6-23　灰豚数据快手版工作台

不同平台接入的数据源不同，因此在对直播数据进行分析时，具体数据会有所不同。但由于操作一致，这里不再对重复的功能进行分析。单击"达人"，可以看到灰豚数据提供MCN机构搜索，如图6-24所示。接下来对这部分数据进行分析。该榜单依据覆盖粉丝人数进行排序。也可设定覆盖粉丝数范围或签约达人数作为检索条件进行MCN机构的搜索，根据检索结果进行数据分析。

单击"MCN机构搜索"，进入MCN机构的主页，可以看到具体的签约达人及机构画像。以图6-25为例，可以看到达人行业分布、达人地区分布、达人性别分布以及粉丝量级分布。

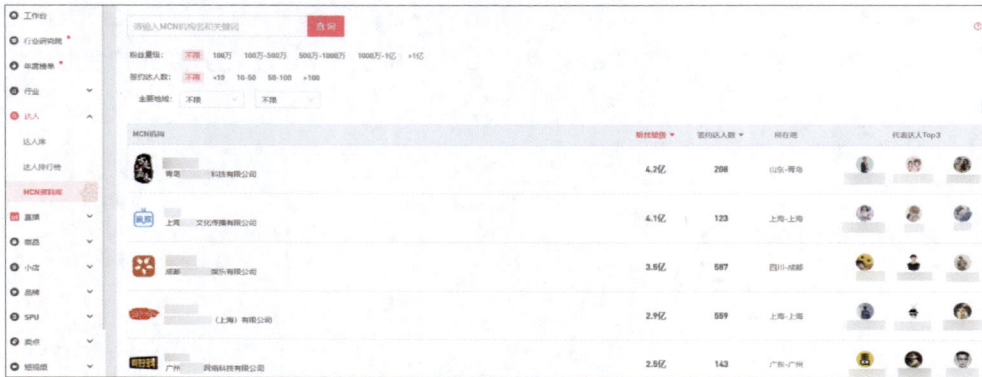

图6-24　MCN机构搜索

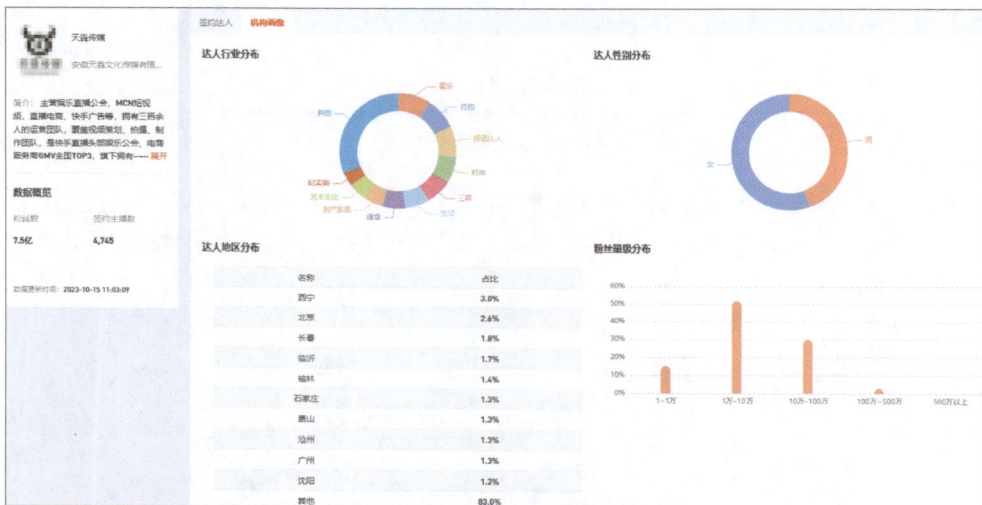

图6-25　MCN签约达人及机构画像

项目小结

　　本项目介绍了网络直播的背景、数据分析的意义，以及直播数据分析的背景知识。任务一以抖音账号为例，讲解了如何在账号后台获取直播数据，如新增粉丝、观众人数、送礼人数、点赞人数、粉丝的数量变化，以及粉丝画像等。任务二和任务三则采用第三方数据分析平台对抖音、快手等直播平台的数据进行分析。通过对直播数据的分析和挖掘，为观众、主播和平台提供了有价值的见解和建议。对观众而言，进行网络直播数据分析，可以更好地了解自己的观看行为和偏好，从而更好地选择适合自己的直播内容；对主播而言，进行网络直播数据分析，可以更好地了解自己的表现和受众情况，从而更好地调整直播策略和提高直播内容受欢迎程度；对平台而言，进行网络直播数据分析，可以更好地了解用户需求和市场情况，从而更好地优化产品和服务。

拓展实训

（1）进入直播账号后台，查看直播观众画像，说一说自己直播账号的观众特征，以及如何根据观众特征制定直播策略。

（2）寻找其他直播平台，如哔哩哔哩的直播数据分析网站，对比不同直播平台数据分析的特点。

项目七
制作新媒体数据分析报告

项目概述

　　随着新媒体的快速发展，数据分析在新媒体领域也变得越来越重要。对新媒体数据进行挖掘、处理及分析后，一般可以得到较为完整的数据结果。但纯粹的数字或图表，仅数据分析者自己清楚，无法用于交流。因此在完成数据分析后，数据分析者需要继续撰写数据分析报告，使数据分析结果易于理解与留存。本项目在原有的学习基础上，收集和分析新媒体平台的数据，挖掘出数据背后的趋势和意义，使用数据可视化技术，把结果更好地表达出来，按照报告的相关规范，形成完整的数据分析报告，为决策者、营销人员、投资者和研究人员等提供决策指导。在项目的实施过程中，需要注重数据的时效性、准确性和全面性，结合实际需求进行深入分析和挖掘，从而发挥出新媒体数据分析报告的最大价值。

学习目标

知识目标
➢ 了解新媒体数据分析报告的概念与作用
➢ 了解新媒体数据分析报告的类别
➢ 了解新媒体数据可视化技术
➢ 了解新媒体数据分析报告的制作步骤

技能目标

➢ 掌握收集、整理和分析新媒体平台的数据的能力

➢ 掌握数据可视化技能，能够用图表等方式清晰地呈现数据

➢ 能够独立撰写一份新媒体数据分析报告

素质目标

➢ 培养踏实严谨和勇于创新的精神

➢ 提高数据处理和可视化能力

➢ 增强对数据的利用和价值挖掘能力

学思融合

根据国家广播电视总局发布的《2023中国视听新媒体发展报告》，截至2022年年底，我国网络视听用户规模达10.4亿人，网民使用率为97.4%，超过即时通信成为第一大互联网应用，短视频和网络直播正成为拉动视听新媒体行业增长的重要赛道和强劲引擎。对新媒体平台数据进行收集、整理、分析和解释，以揭示数据背后的趋势、模式和意义至关重要。本项目就是引导我们理解数据分析对决策的关键作用，从中我们可以有以下启发。

（1）数据驱动的决策是一种科学的方法，它能够帮助我们更准确地理解问题和现象。通过新媒体数据分析，我们可以更好地把握市场动态和用户需求，优化产品和营销策略。

（2）新媒体平台作为现代社交和信息传播的重要渠道，对品牌形象和业务发展具有重要影响。通过数据分析，我们可以及时发现并解决潜在的问题，维护和提升品牌形象。

（3）数据可以帮助我们看到事物的本质和规律，从而更好地指导实践。在新媒体时代，数据已经成为各行业的重要资源，掌握数据分析技能对个人和职业发展都具有重要意义。

（4）培养批判性思维。在新媒体平台上，信息的质量和价值往往需要通过数据来评估。通过新媒体数据分析，我们可以学会如何辨别真假信息，避免被误导。

（5）增强社会责任感。通过数据分析，我们可以发现社会问题和不公正现象，并积极寻求解决方案。在新媒体平台这个公共领域中，我们有责任传播有价值的信息，推动社会进步。

147

知识基础

↘ 一、新媒体数据分析报告的概念与作用

新媒体数据分析报告是一种基于对新媒体平台的数据进行深度挖掘和分析后，形成的具有决策指导意义的报告。它通过对微博、微信、抖音等新媒体平台的数据进行分析，揭示品牌影响力、用户画像、内容效果、营销活动效果等信息，为决策者提供更加客观、科学的数据支持，帮助决策者更加准确地把握市场和用户需求，制定更加科学的决策。

以某电商企业为例，通过分析新媒体数据分析报告中的用户满意度反馈数据（见图7-1），发现该企业的用户的满意度较低。

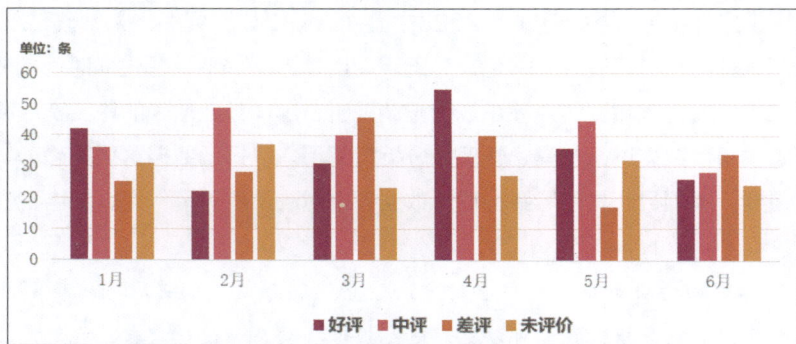

图7-1　某电商企业用户满意度反馈数据

经过进一步分析，发现该企业用户满意度较低的原因是产品的售后服务不够到位。面对这一问题，企业可以有针对性地进行产品设计和优化，加强售后服务，提高产品的用户满意度和市场占有率。新媒体数据分析报告（简称"报告"）对企业的主要作用如下。

➢ **评估营销效果**。通过新媒体数据分析报告，企业能够评估营销活动的实际效果，了解投资回报率，从而为未来制定营销策略提供参考。

➢ **发现潜在机会**。通过分析新媒体数据分析报告，企业可以发现潜在的商业机会，如优化广告投放策略、推出新的产品或服务。

➢ **调整营销策略**。根据数据分析结果，企业可以及时调整营销策略，提高营销活动的针对性和有效性。

➢ **监控竞争对手**。通过新媒体数据分析报告，企业可以了解竞争对手的营销策略和效果，从而调整自己的策略。

此外，新媒体数据分析报告可以在企业的部门沟通、部门内部交流和档案留存等方面发挥重要的作用。通过报告，企业或企业的成员可以更好地了解和分析业务数据，更好地制定和调整业务策略，提高工作效率和协作能力，促进业务的发展和成长。

↘ 二、新媒体数据分析报告的类别

新媒体数据分析报告是将数据进行收集、整理、分析和解释后生成的结构化文档，旨在帮助决策者理解数据的含义、趋势和模式，并做出相应的决策。按照时间和功能进行划分，常见的新媒体数据分析报告类型包括日常运营报告、专项研究报告以及行业分析报告。以下将对这3种报告类型进行详细说明。

1. 日常运营报告

日常运营报告是指对日常业务运营中产生的数据进行汇总、分析和报告的文档。这种报告通常涉及常规业务数据，如新媒体平台的阅读量统计报表、粉丝增长数、转发量、评论量、点赞数等，其主要目的是提供数据支持，帮助管理层了解业务的运行状态，并在问题出现时能够及时做出决策。此类报告通常以图表和文字说明的形式展示，以便决策者能够快速轻松地理解数据和数据变化趋势。具体是日报、周报还是月报，要根据每个企业的考核安排来制定。一般都是周报和月报的形式，因为日报会增加工作量。常见的新媒体平台日常运营报告有以下几类。

➢ **流量报告**。流量报告主要关注新媒体平台的访问量、页面浏览量、独立访客数等指标。分析流量报告，可以了解新媒体平台的用户规模和用户访问情况，为后续的运营和推广提供数据支持。

➢ **用户行为报告**。用户行为报告关注用户在新媒体平台上的行为特征，如用户停留时间、页面跳转路径、点击率等指标。分析用户行为报告，可以了解用户对内容的兴趣和偏好，优化内容策略和用户体验。

➢ **社交媒体互动报告**。社交媒体互动报告关注用户在社交媒体平台上的互动行为，如点赞、评论、分享等互动行为。分析社交媒体互动报告，可以了解用户对内容的反馈和传播情况，评估内容的影响力和社交媒体的互动效果。

➢ **转化率报告**。转化率报告关注用户在新媒体平台上的转化行为，如注册、购买、下载等指标。分析转化率报告，可以了解新媒体平台对用户的吸引力和转化效果，优化转化路径和提升转化率。

2. 专项研究报告

专项研究报告是基于特定的问题或主题进行深入分析的文档，旨在提供更加详细和具体的分析数据。这种报告通常包含更复杂的数据分析方法和模型，以揭示隐藏在数据背后的关系和模式。专项研究报告能够帮助企业理解特定问题的根源，并提供相应的解决方案和建议。此类报告通常包括数据处理和清洗、数据探索和可视化、数据建模和预测等环节，以展示全面而深入的分析结果。常见的新媒体专项研究报告有以下几类。

➢ **品牌声誉报告**。品牌声誉报告关注新媒体平台上对品牌的评价和讨论情况，如品牌提及量、情感分析等指标。分析品牌声誉报告，可以了解品牌在新媒体上的形象和声誉，及时处理品牌危机。

➢ **竞争对手分析报告**。竞争对手分析报告关注竞争对手在新媒体上的表现和策略，如竞争对手的粉丝数量、内容互动情况等指标。分析竞争对手分析报告，可以了解竞争对手的优势和劣势，优化自身的运营和推广策略。

➢ **用户观点调查和分析报告**。用户观点调查和分析报告聚焦用户在新媒体上对特定产品、服务或话题的观点和态度，并通过数据挖掘和文本分析技术，对用户言论进行分析，揭示用户需求、偏好和情感倾向。例如，艾瑞咨询发布的《2021年奥运期间中国社交媒体价值分析报告》中就对用户在奥运会期间的行为进行了分析，如图7-2所示为用户对奥运内容的偏好分析。

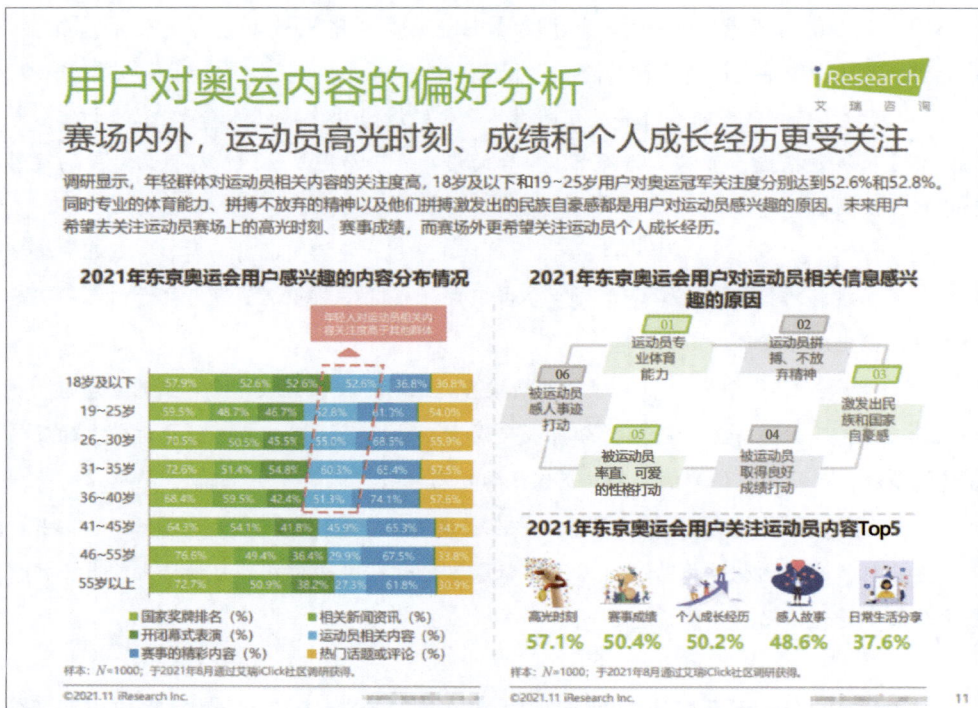

图7-2　用户对奥运内容的偏好分析

➤ **新兴技术应用案例研究报告**。新兴技术应用案例研究报告以某一新兴技术（如人工智能、区块链、虚拟现实等）为主题，在新媒体平台上对该技术的应用案例进行研究和分析，包括市场前景、应用领域、用户反馈等方面。

➤ **行业趋势预测报告**。行业趋势预测报告通过对特定行业在新媒体上的相关数据进行分析，揭示行业发展的趋势、关键驱动因素及未来可能的变化和机遇。

3. 行业分析报告

行业分析报告是对特定行业或市场进行综合分析的文档，旨在评估行业的整体趋势、竞争环境和机会。这种报告涉及大量的行业数据，如市场规模、市场份额、消费者偏好等数据，并结合这些数据进行行业趋势和预测分析。行业分析报告还可包括竞争对手分析、供应链分析、市场定位等内容。此类报告可以帮助企业了解自身在行业中的地位和竞争优势，并制定相应的战略和决策。

综上所述，日常运营报告、专项研究报告及行业分析报告都是新媒体数据分析报告的常见类型，它们在数据收集、分析和解释等层面有所不同，目的和应用场景也不同。无论是哪种类型的报告，新媒体数据分析报告的核心价值在于将数据转化为行动，帮助决策者做出更明智的决策，并推动企业发展。

↘ 三、新媒体数据可视化技术

新媒体数据可视化处理是将分析得到的数据通过图表、图形和可视化工具进行呈现和展示，以便更直观地理解和解读数据。数据可视化技术的基本思想是将数据库中每一个数据项作为单个图元元素表示，大量的数据集构成数据图像，同时将数据的各个属性值以多维数据的形式表示，可以从不同的维度观察数据，从而对数据进行更深入的观察和分析。

新媒体数据可视化图表的类型层出不穷。有关数据可视化的方法，就是将数据图形化，让图形化的数据有"开口说话"的作用，让数据生动呈现。一般，数据图表可以拆分成两类基本的元素：所描述的事物及这个事物的数值，即指标和指标值。比如在一个性别分布中，男性占比30%，女性占比70%，那么指标就是男性、女性，指标值对应为30%、70%。一些数据可视化方法如下。

1. 将指标值图形化

将指标值图形化即一个指标值就是一个数据，将数据的大小以图形的方式表现。比如用柱形图的长度或高度表现数据大小，这也是常用的可视化形式。传统的柱形图、饼图有可能会带来审美疲劳，如果要创新，可以尝试从图形的视觉样式上下功夫，常用的方法就是将图形与指标的含义关联起来。图7-3所示为某学校男女学生比例。

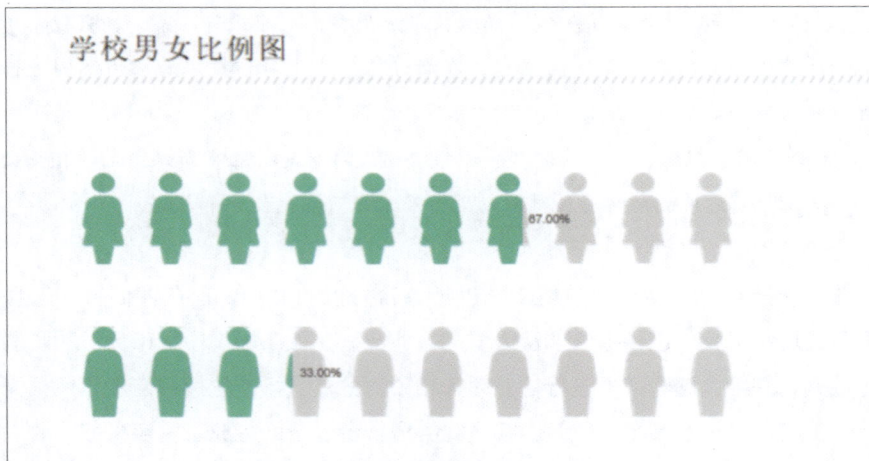

图7-3　某学校男女学生比例

2. 将指标图形化

将指标图形化即用与指标含义相近的图像和图标来表现数据。例如，表达两个季度体育用品价格的比较情况（见图7-4），体育用品使用图形化的方式表示，使得读者对指标与指标值有更深刻的认知。

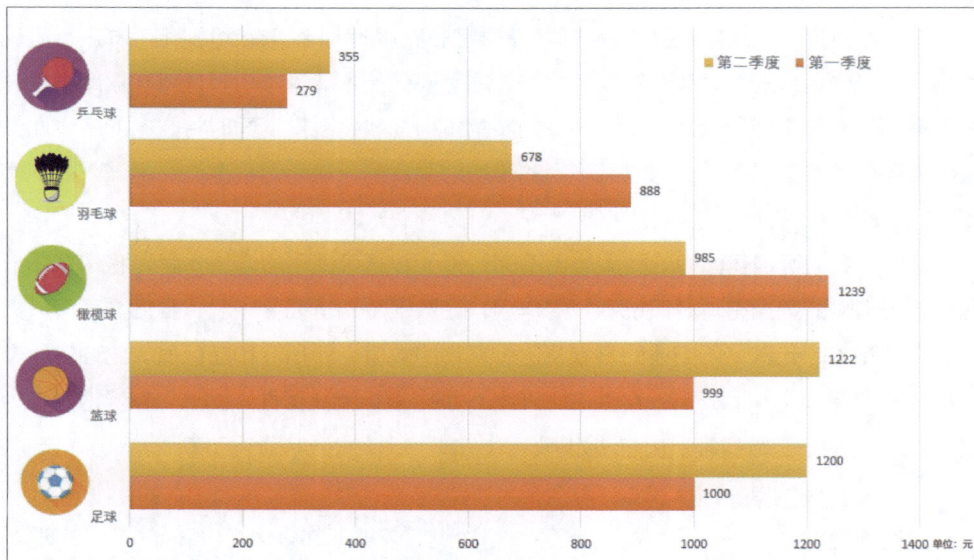

图7-4　两个季度体育用品价格的比较情况

3. 将指标关系图形化

当存在多个指标时，挖掘指标之间的关系，并将其图形化表达，可提升图表的可视化深度。常见有借助已有的场景来表现和构建场景来呈现两种方式。例如，构建"沉船场景"来表现史上破产企业数据，可以很直观生动地表现企业规模，如图7-5所示为史上20宗破产案的指标关系图。

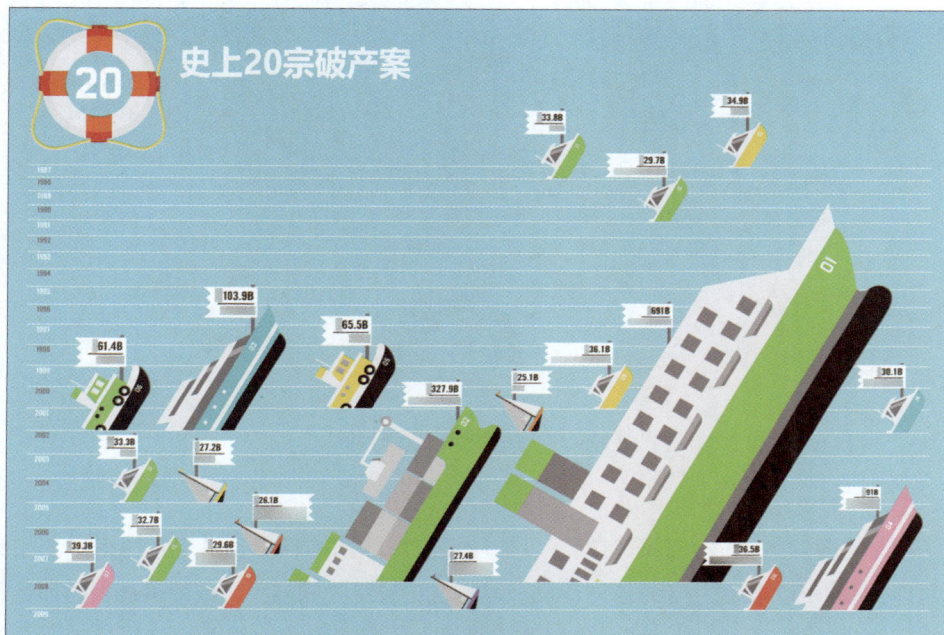

图7-5　史上20宗破产案的指标关系图

注：图中"B"代表Billion

4. 将时间和空间可视化

将时间可视化是通过时间的维度来表示指标值的变化情况，一般通过增加时间轴的形式，形成常见的趋势图，如图7-6所示为某商城五大产品年度数据趋势图。

图7-6　某商城五大产品年度数据趋势图

当图表存在地域或者空间信息并且需要突出表现的时候，可用地图将空间可视化，地图作为主背景呈现所有信息点，如图7-7所示为智能饭堂业务流程图。

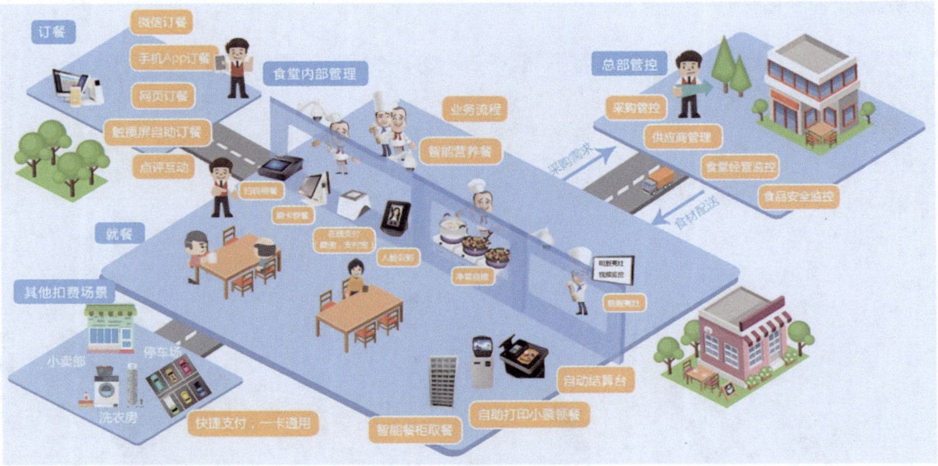

图7-7　智能饭堂业务流程图

5. 将数据进行概念转换

有时需要对数据进行概念转换，以加深用户对数据的感知，常用方法有对比和比喻两种。图7-8为田径百年纪录对比图，马拉松这类花时间越少，成绩越优秀的项目，如果用常规的柱形图绘制，那么最好的成绩看上去却最差。这张图中将最快的纪录用100%表示，然后以此为基准，画出不同参赛者的相对位置，让人一目了然。

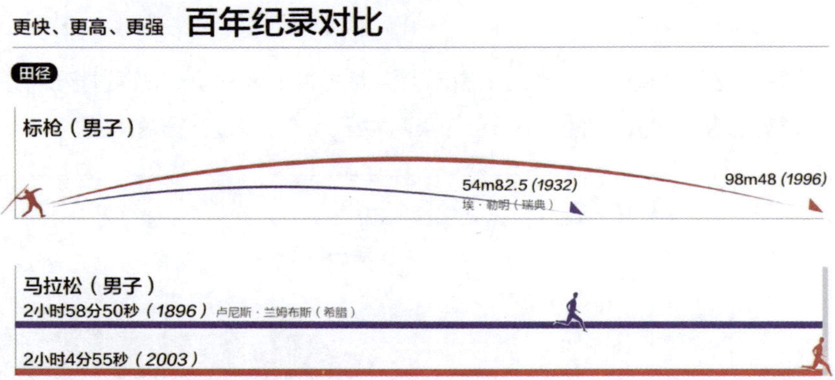

图7-8　田径百年纪录对比

6. 让图表"动"起来

数据图形化完成后，可结合实际情况，将其变为动态化和可操控性的图表，用户在操控过程中能更好地感知数据的变化过程，提升体验。实现动态化通常使用交互与动画。交互又可以理解为互动，利用提示、颜色高亮等来表达产品要告诉用户的信息，让用户获得更好更舒适的体验。例如，全球高铁里程动态排名图通过动画的形式呈现相应变动，全球高铁里程动态排名（1965—2020年）如图7-9所示，见证我国高铁建设的伟大成就。

图7-9 全球高铁里程动态排名（1965—2020年）

◢ 四、新媒体数据分析报告的制作

制作新媒体数据分析报告有以下步骤。

（1）确定报告的目标。明确报告的目标，例如了解用户行为、评估内容效果或者优化营销策略。这有助于确定需要分析的数据和重点。

（2）收集数据。收集与目标相关的数据，包括用户互动数据、内容发布数据、社交媒体数据等。可以使用分析工具、社交媒体平台提供的数据分析报告或自定义数据采集方法获取数据。

（3）数据清洗和整理。对收集到的数据进行清洗和整理，确保数据的准确性和完整性。可以删除重复数据、修复缺失值、统一数据格式等。

（4）数据分析和可视化。使用数据分析工具进行数据分析，例如计算用户活跃度、计算内容的受欢迎程度、识别用户行为模式等。将分析结果通过可视化工具制作成图表等，以便更直观地呈现数据。

（5）结果解读和洞察。对分析得到的结果进行解读和洞察，深入理解数据背后的含义和数据变化趋势。将关键的发现点记录下来，以备报告撰写使用。

（6）报告撰写。根据报告的目标和结果，编写报告的正文部分。正文包括介绍报告目标、数据收集方法、分析方法、关键发现等内容。确保报告的结构清晰，内容有逻辑性。

（7）添加可视化图表和图形。在报告中插入前面制作的可视化图表和图形，以支持和强化报告中的观点和结论。确保图表和图形的风格一致、易于理解，并配以相应的说明文字。

（8）结论和建议。根据数据分析结果，提出结论和建议。结论是对分析结果的总结，建议是对问题的解决方案或改进措施。确保结论和建议具有可行性和可操作性。

（9）校对和修改。对报告进行仔细的校对和修改，确保语法正确、内容流畅、逻辑清晰。注意报告的格式、字体、标点等细节，以保证整体的专业性和美观性。

（10）分发报告。将报告以适当的方式分发给相关人员，并准备好回答他们可能提出的问题。

通过以上步骤，可以制作一份完整的新媒体数据分析报告，以更好地理解和利用数据，支持决策和优化策略。

项目实训

↘ 任务一　可视化图表制作

1. 任务概述

根据国家广播电视总局发布的《2023中国视听新媒体发展报告》的相关数据，制作反映网络视听产业现状的可视化图表。具体数据如下所示。

截至2022年年底，我国网络视听用户规模达10.4亿人，网民使用率为97.4%，网络视听用户数量是10年前的近3倍，网络视听产业规模是10年前的20多倍，网络视听成为第一大互联网应用。

2022年，有426部网络电影、251部网络剧、330部网络动画片、8部网络纪录片、336部网络微短剧成为上线备案号重点网络视听节目。

据统计，2022年我国网络视听用户规模超过即时通信成为第一大互联网应用。其中，短视频用户规模达10.12亿人，同比增长7 770万，网络直播用户规模达7.51亿人，同比增长4 728万，短视频和网络直播正成为拉动视听新媒体行业增长的重要赛道和强劲引擎。

收入方面，网络视听服务机构总收入6 687.24亿元，同比增长23.61%，约占行业总收入的一半。网络视听相关业务收入4 419.80亿元，同比增长22.95%。

2. 任务目标

➤ 设计3种以上图表，借助图形化的手段，清晰、快捷、有效地传达与沟通信息

➤ 运用多种可视化方法，实现数据的准确性、创新性和简洁性，让用户快速抓住要点信息

3. 任务实施

步骤 ① 数据采集

要实现数据可视化首先得有数据，因此数据采集是数据可视化的第一步，同时这一步也在很大程度上决定了数据可视化的最终效果。数据采集的分类方法有很多，从数据的来源来看主要有两种，即内部数据采集和外部数据采集。内部数据采集，是指采集企业内部的活动数据，通常数据来源于业务数据库。外部数据采集，指的是通过一些方法获取来自企业外部的数据。获取外部数据主要是为了获取竞品的数据和官方机构官网公布的一些行业数据。本任务的数据来源于官方和第三方机构，属于外部数据采集。

步骤 ② 数据处理和变换

数据处理和变换，也称为分析与清洗，是进行数据可视化的前提，主要包括数据预处理和数据挖掘两个过程。进行数据预处理的原因是，前期采集到的数据往往包含噪声和误差，数据的质量较低。数据挖掘则是因为数据的特征、模式往往隐藏在海量的数据中，需要进行更深一步的挖掘才能获取到。

根据任务给定的文字和数据，可以进行数据分析与清洗，抓取重要的数据内容。例如，要表现网络视听用户规模及增长数据时，可以圈定关键的文字和数据内容："短视频用户规模达10.12亿人，同比增长7 770万人，网络直播用户规模达7.51亿人，同比增长4 728万人"，然后进一步对数据进行分析与清洗，为了更好地表达用户规模的增长程度，可以把"同比增长7 770万"这个数量推算转换为"8.3%的年增长"。接着可以使用WPS或者PowerPoint等软件把数据绘制出来，使用"圆角矩形"形状工具并填写文字来表示年增长率，使用放大加粗的字体来表示具体数量规模，底部使用不同颜色、较小字号的文字呈现具体数据的属性，处理好的中国网络视听新媒体人群规模如图7-10所示。

图7-10 中国网络视听新媒体人群规模

步骤 ③ 可视化映射

将数据进行清洗、去噪，并按照业务目的进行数据处理之后，就可以进行可视化映

射环节。数据可视化过程的核心是可视化映射，指把经过处理的数据信息映射为视觉元素的过程。实现可视化映射需要选择分析与映射的工具，对于简单的数据，直接使用Excel、北测数字数据分析与应用实训系统等工具就可以制作出实用的可视化图表。对于相对复杂的数据，可以采用国内著名的大数据分析平台——Smartbi。其支持Excel内置的复杂的仪表盘样式，例如内建图形、背景、条件格式等。同时它还支持ECharts图形库，包括瀑布图、热力图、树图等十几种可以实现动态交互的图形。此外，还可以使用Photoshop等平面设计工具制作特定的图标和背景。经过可视化映射后，视听新媒体行业数据的可视化图表如图7-11所示。

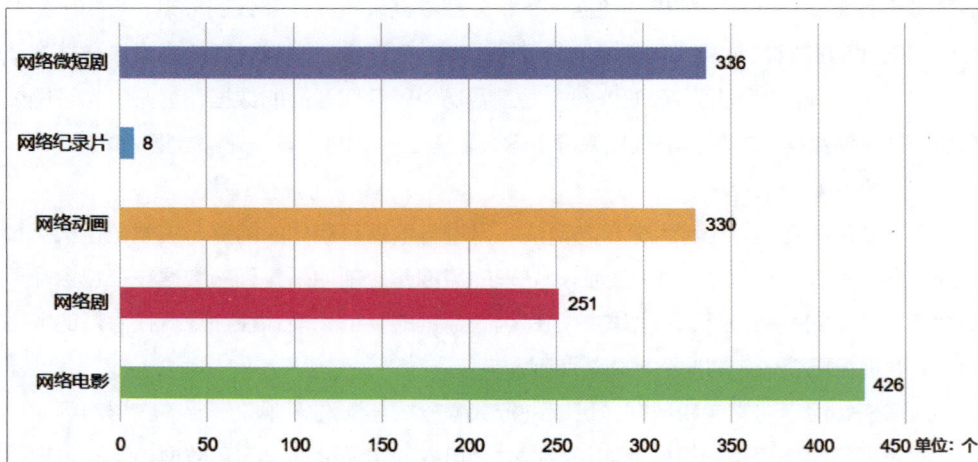

图7-11　视听新媒体行业数据的可视化图表

步骤 ④ 可视化数据的使用

通常我们面对的数据是复杂的，数据所蕴含的信息是丰富的。因此，在数据可视化的过程中要进行组织和筛选。如果将数据全部机械地呈现出来，整个页面不仅会变得臃肿、混乱、缺乏美感，而且会出现主次不分的问题，导致用户的注意力无法集中，降低用户单位时间获取信息的能力。因此，我们要合理使用制作好的可视化图表及其中的数据，使其成为数据分析报告里重要的组成部分。

↘ 任务二　日常运营报告制作

1. 任务概述

日常运营报告是一种常态化报告，其呈现的是新媒体部门的整体运营状态及各新媒体平台的日常数据情况。根据某电商直播平台店铺运营年度基础数据（见图7-12），数据分析者需要整理、制作日常运营报告，最后将数据发送给企业相关部门及主管。

日期	星期	淘内免费	付费流量	自主访问	淘外流量	其他	手淘搜索	淘内免费其他	手淘首页	直通车	购物车	钻展	手淘微淘	淘宝客	我的淘宝	手淘每日好店	合计
2023-07-19	星期三	5 274	5 057	8 163	8 382	8 428	5 450	6 176	5 202	7 092	7 360	6 588	7 777	9 962	9 877	6 853	107 641
2023-07-20	星期四	7 041	6 834	7 146	6 221	8 334	9 180	8 454	9 597	7 257	6 201	6 852	8 445	6 577	8 381	6 202	112 722
2023-07-21	星期五	7 263	5 050	8 639	8 532	8 753	9 009	9 499	6 445	9 261	6 062	7 084	5 779	5 278	8 357	7 570	112 581
2023-07-22	星期六	9 378	7 397	8 725	6 055	8 280	9 730	6 456	9 951	8 906	9 434	7 482	5 618	5 320	5 753	6 651	115 136
2023-07-23	星期日	7 864	6 238	6 012	6 819	6 948	7 488	7 703	6 056	6 698	7 748	9 021	8 326	9 463	7 006	8 888	112 278
2023-07-24	星期一	6 282	8 466	7 291	5 783	7 851	5 576	5 897	8 043	9 465	6 364	6 510	8 900	8 920	7 617	5 946	108 911
2023-07-25	星期二	6 428	6 870	8 104	6 094	8 576	9 128	6 707	9 761	9 826	7 147	6 379	5 352	7 814	8 713	9 953	116 852
2023-07-26	星期三	9 075	6 738	6 744	9 822	8 262	5 919	7 317	6 379	5 064	7 061	9 858	8 593	5 122	6 818	5 387	108 159
2023-07-27	星期四	5 414	6 832	6 627	9 508	6 476	7 748	8 297	9 015	9 634	9 421	7 281	5 881	5 200	5 021	6 444	108 799
2023-07-28	星期五	5 209	9 305	5 314	5 920	8 269	8 619	6 310	7 851	5 417	8 582	6 390	9 358	7 886	7 274	8 864	110 568
2023-07-29	星期六	7 227	8 562	5 799	9 690	8 979	8 612	9 624	5 858	8 076	9 949	9 369	8 214	7 982	7 963	5 683	121 587
2023-07-30	星期日	6 709	5 928	5 986	6 959	5 475	7 187	5 966	7 213	6 487	8 986	9 014	8 568	9 592	9 835	8 102	112 007
2023-07-31	星期一	7 773	6 762	6 102	8 367	6 703	5 961	9 079	5 163	5 809	9 930	9 354	9 739	6 466	5 673	8 647	111 528
2023-08-01	星期二	7 273	8 755	5 551	6 398	6 409	9 389	8 239	5 162	9 753	7 137	9 918	8 319	8 980	5 261	9 475	116 019
2023-08-02	星期三	6 849	6 698	6 453	9 531	8 173	7 295	6 056	8 448	9 850	7 994	7 342	8 218	7 147	5 640	9 279	114 973
2023-08-03	星期四	7 292	9 284	7 794	8 121	5 887	8 774	8 933	7 177	8 194	8 212	6 967	9 573	8 894	9 807	9 595	124 504
2023-08-04	星期五	9 789	8 221	9 824	6 726	6 703	8 962	6 530	8 844	7 138	6 562	8 236	5 818	8 576	6 337	9 509	117 775
2023-08-05	星期六	9 935	6 698	5 154	9 460	9 305	9 861	9 253	6 432	5 063	9 034	6 342	9 528	7 290	6 527	9 408	119 290
2023-08-06	星期日	7 618	7 277	6 448	5 492	6 530	8 305	8 200	9 671	9 460	5 397	5 560	7 992	7 512	8 228	6 068	109 758
2023-08-07	星期一	7 365	5 989	8 768	8 781	8 567	8 955	8 453	9 223	9 935	7 999	9 503	5 104	7 750	7 775	9 767	123 934
2023-08-08	星期二	7 566	7 211	7 092	7 593	6 552	9 187	5 666	7 819	9 522	6 488	9 140	9 524	8 566	6 922	6 180	115 028
2023-08-09	星期三	7 252	6 227	8 072	5 943	6 793	6 118	7 310	8 115	8 351	8 993	5 727	7 255	7 514	5 023	8 006	106 699
2023-08-10	星期四	9 960	8 315	5 124	8 055	8 269	5 151	8 262	9 851	5 739	7 261	8 091	8 891	5 882	5 555	9 511	113 917
2023-08-11	星期五	9 136	5 745	6 290	7 486	7 386	8 819	8 840	6 383	6 099	6 173	9 974	7 846	8 923	7 062	8 002	114 164
2023-08-12	星期六	6 235	5 428	7 863	6 568	6 078	6 661	5 836	7 293	5 232	5 806	7 785	5 837	9 321	8 304	7 181	101 428
2023-08-13	星期日	8 442	7 553	9 070	7 948	9 756	7 448	8 145	9 461	9 335	6 884	7 614	7 050	8 040	8 776	5 000	120 522
2023-08-14	星期一	8 567	5 496	9 265	9 180	9 861	5 152	5 023	9 148	6 036	8 106	6 907	5 486	5 907	5 203	9 983	109 320

注：钻展为钻石展位的简称。

图7-12　某电商直播平台店铺基础数据（部分）

由于在一段时期内，日常运营报告的格式、数据源都是固定的，因此日常运营报告不需要每天进行设计与制作。一方面，尽量在前期设计固定的表头，然后每天整理数据并将其填充在对应的表头之下；另一方面，明确固定的数据源负责人，如网站数据由网站运营组进行数据汇总、微信公众号数据由公众号运营组进行数据汇总等，随后将汇总的数据源发送至数据分析负责人处，便于更快地制作日常运营报告。

2. 任务目标

- 掌握日常运营报告的制作方法和流程
- 能够制作常见的日常运营报告的过程表、效果表及汇报表等表单

3. 任务实施

步骤1 过程表的制作

过程表呈现的是新媒体团队的日常工作过程，通常包括事项完成的时间、任务完成的数量、过程链接的汇总等。针对任务要求，对基础数据进行清洗与筛选，一般需要7个处理步骤：选择子集、重命名列名、删除重复值、缺失值处理、一致化处理、数据排序处理、异常值处理。第一步，选择子集，即选择需要进行分析的数据集中的数据列，根据任务的实际需要，选择“目标销售额”“目标完成率”“转化率”“访问深度”“老买家占比”等数据列。第二步，对部分列的名称进行重命名，同时删除不参与分析的其他列。第三步，删除数据中的重复数据值，只保留重复数据的第一条数据。第四步，补全数据集中无数据的数据单元格，删除数据缺失严重且不影响分析结果的条目。第五步，对每列数据标准不一致或格式不同的情况进行一致化处理。第六步，对数据表的每列数据进行筛选排序，例如，按日期进行排序。第七步，在数据列进行筛选排序过程中，排查数据的异常值，对于数据异常的条目，要进行核实，属于录入错误的予以

更正，删除异常严重且无法修复的数据。最后形成该店铺的每日运营过程表，如图7-13所示。

店铺每日数据

日期	星期	目标销售额/元	目标完成率	销售额/元	销量	客单价	转化率	访客数	访客价值	访问深度	停留时长	退款人数	老买家占比
2023-07-19	星期三	57 053	78%	44 677	1 653	464	8.70%	107 641	0.85	5.96	22	355	30.60%
2023-07-20	星期四	56 170	80%	44 677	1 653	464	8.70%	112 722	0.85	5.96	22	355	30.60%
2023-07-21	星期五	59 929	75%	45 200	1 567	393	53.49%	112 722	0.64	9.22	29	109	66.76%
2023-07-22	星期六	63 193	29%	18 485	1 596	404	34.36%	112 581	0.32	6.85	16	338	55.83%
2023-07-23	星期日	59 834	71%	42 677	1 785	367	62.00%	115 136	0.83	4.74	20	390	40.25%
2023-07-24	星期一	65 195	65%	42 331	1 328	347	52.42%	112 278	0.84	8.91	22	399	44.89%
2023-07-25	星期二	59 976	66%	39 712	1 332	383	61.94%	108 911	0.17	7.09	21	167	47.34%
2023-07-26	星期三	68 337	22%	15 211	1 178	452	85.33%	116 852	0.52	7.55	21	110	62.82%
2023-07-27	星期四	63 765	28%	17 846	1 923	440	23.66%	108 159	0.21	4.41	17	151	33.88%
2023-07-28	星期五	52 373	56%	29 467	1 114	458	65.01%	108 799	0.80	7.90	18	230	60.75%
2023-07-29	星期六	61 953	80%	49 572	1 867	436	26.31%	110 568	0.08	9.95	26	346	81.76%
2023-07-30	星期日	54 609	52%	28 454	1 493	368	65.21%	121 587	0.67	4.27	19	214	25.87%

图7-13　某电商直播平台店铺的每日运营过程表（部分）

步骤 2 效果表的制作

效果表呈现的是新媒体团队的运营结果，由于新媒体运营结果通常不受人为控制，因此可以更客观地展示新媒体的整体运营效果。针对任务要求，对基础数据进行清洗与筛选，制作了该店铺的运营效果表，包括目标销售额、目标完成率、转化率、访问深度等信息，如图7-14所示。

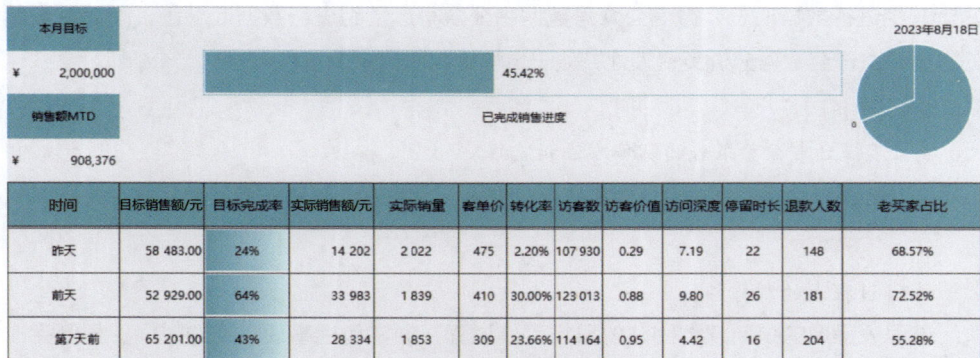

本月目标												2023年8月18日
¥　2,000,000			45.42%									
销售额MTD			已完成销售进度									
¥　908,376												

时间	目标销售额/元	目标完成率	实际销售额/元	实际销量	客单价	转化率	访客数	访客价值	访问深度	停留时长	退款人数	老买家占比
昨天	58 483.00	24%	14 202	2 022	475	2.20%	107 930	0.29	7.19	22	148	68.57%
前天	52 929.00	64%	33 983	1 839	410	30.00%	123 013	0.88	9.80	26	181	72.52%
第7天前	65 201.00	43%	28 334	1 853	309	23.66%	114 164	0.95	4.42	16	204	55.28%

图7-14　某电商直播平台店铺的运营效果表

另外，为了更好地呈现运营数据的变化趋势，需要设计可视化图表，让具体的数据更加清晰、快捷、有效地传达出来，可视化图表包括折线图、趋势图、柱形图等，如图7-15所示。

步骤 3 汇报表的制作

过程表和效果表主要用于新媒体部门内部分析与交流，但是在对其他部门（销售部、品牌部等）及总经理进行汇报时，需要注意减少过于专业化的词汇，且无须展示全部数据，直接提炼出与之相关的数据即可，力求精简、高效。根据任务数据制作该店铺过去一年的年度运营总结表，提炼出了重要的运营数据，为企业主管做战略决策提供参考，如图7-16所示。

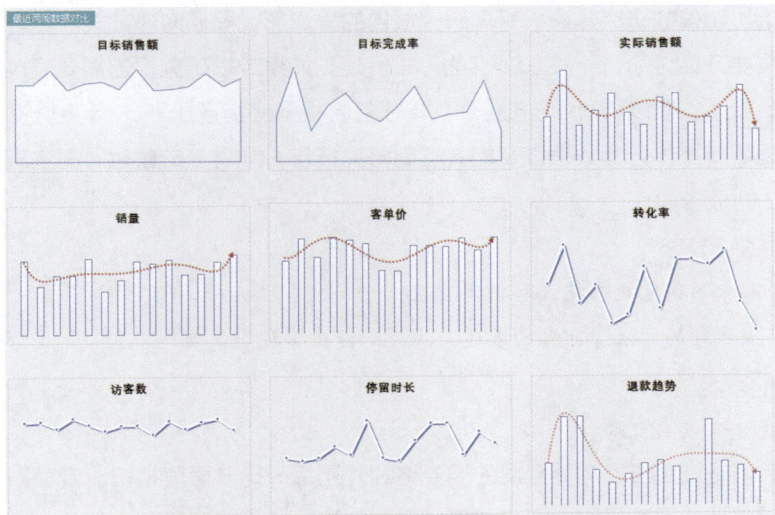

图7-15 某电商直播平台店铺近两周运营效果可视化图表

运营总结表

序号		季度	第一季度			第二季度			第三季度			第四季度			
		月份	1月	2月	3月	4月	5月	6月	7月	8月	9月	10月	11月	12月	共计
1		季度销售额/元	230 000			230 000			310 000			330 000			1 100 000
		每月销售额/元	80 000	50 000	100 000	100 000	50 000	80 000	100 000	100 000	110 000	100 000	110 000	120 000	
		日销售额/元													
		全年占比	7.27%	4.55%	9.09%	9.09%	4.55%	7.27%	9.09%	9.09%	10.00%	9.09%	10.00%	10.91%	100%
	运营目标	流量(UV)/人	11 258	3 799	5 621	4 554	2 309	3 545	4 016	3 922	3 998	6 770	7 094	6 830	
		转化率	3.80%	5.60%	6.40%	7.20%	7.10%	7.40%	7.50%	7.50%	7.60%	3.50%	3.50%	3.50%	
		客单价/元	187	235	278	305	305	305	332	340	362	422	443	502	335
		纯利润/元(20%)	16 000	10 000	20 000	20 000	10 000	16 000	20 000	20 000	22 000	20 000	22 000	24 000	220 000
		公式	销售额=流量(访客数)×转化率（全店成交转化率）×客单价												
2		预计广告投入/元(15%)	12 000	75 00	15 000	15 000	7 500	15 000	15 000	15 000	16 500	15 000	16 500	18 000	165 000
		网销宝/元	8 543	4 043	11 543	11 543	4 043	8 543	11 543	11 543	13 043	11 543	13 043	14 543	123 516
		实力商家/元	3 457	3 457	3 457	3 457	3 457	3 457	3 457	3 457	3 457	3 457	3 457	3 457	41 484
3		运营阶段销售额/元	第一季度23万			第二季度23万			第三季度31万			第四季度33万			
		营销策略													

图7-16 某电商直播平台店铺年度运营总结表

↘ 任务三 专项研究报告制作

1. 任务概述

专项研究报告，需要针对某个新媒体事件或问题逐层分析，尽量找到问题源头，并在报告中给出明确的研究建议。专项研究报告的呈现形式根据沟通方式而定。如果专项研究报告需要开会讨论，一般以PPT的形式呈现；如果专项研究报告需要通过电子邮件发给相关负责人，则以Word形式呈现。本任务将根据淘宝直播2022年度数据、任务一中的中国视听新媒体行业数据以及相关基础研究报告，撰写一份题为"淘宝直播新消费趋势报告"的报告。

2. 任务目标

➢ 了解专项研究报告格式和撰写流程
➢ 掌握研究的方法、问题的表述、决策的提出等技能

3. 任务实施

步骤 ① 设定问题与目标

一份专项研究报告，需要合适的报告格式，且每一环节层层相扣。专项研究报告一般包括问题表述、研究思路、研究过程、数据解读、分析建议等几大部分。这也是报告撰写的主要思路。企业新媒体分析人员撰写淘宝直播新消费趋势报告，旨在通过对淘宝直播的市场规模、用户行为、商业模式、竞争格局以及政策环境等方面的分析，全面了解淘宝直播新一年的发展现状和未来趋势，为相关企业和投资者提供参考。该报告的封面如图7-17所示。

图7-17　报告的封面

步骤 ② 确立研究方法与思路

本任务采用文献综述法和案例分析法相结合的方法进行研究。首先，对整个专项研究报告进行概述；其次，通过查阅相关的文献和报告，了解淘宝直播的市场概况和发展历程；再次，通过对淘宝直播的实践案例进行深入分析，探讨淘宝直播平台的商业模式和运营策略；最后，通过对淘宝直播相关企业的竞争格局和政策环境进行分析，评估淘宝直播的发展前景和风险，从而确定专项研究报告的框架，如图7-18所示。

图7-18 专项研究报告的框架

步骤 3 解读与分析数据

对淘宝直播整体数据进行分析，例如对年度流量数据进行综述并形成整体数据看板（见图7-19）。淘宝直播作为国民级消费类直播平台，累计观看人次已超500亿。2021年度，淘宝直播人均观看时长增长25.8%，见证直播电商越发常态化地融入消费者的生活；淘宝直播上架货品件数增长53.0%，为消费者提供了更多元的货品选择；淘宝直播的年度成交件数也以16.6%的速度增长。

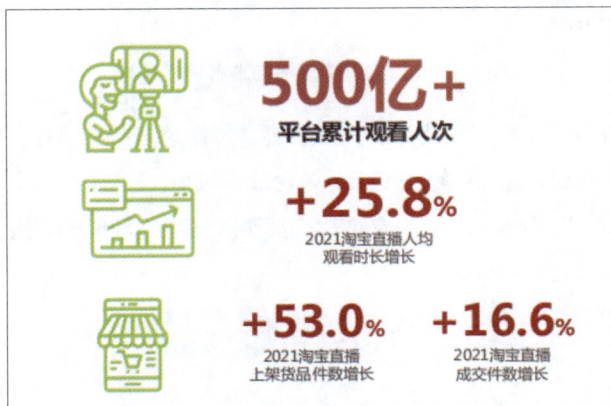

图7-19 专项研究报告整体数据看板

接下来，对淘宝直播具体表现进行数据分析并且制作可视化图表。其中，淘宝直播在女装、美妆、消电行业直播成交规模较大，商家自播与达人主播在行业类目上各有侧重：商家自播在消电、母婴、家居百货、家装、箱包配饰、户外运动有更高的成交额；而达人主播侧重行业为女装、美妆、食品、男鞋女鞋、个护和医美健康。淘宝直播年度

163

各行业成交额占比如图7-20所示。在直播间消费偏好方面，男性更偏好汽车、家装，女性更偏好女装、箱包配饰，淘宝直播直播间消费男女偏好如图7-21所示。

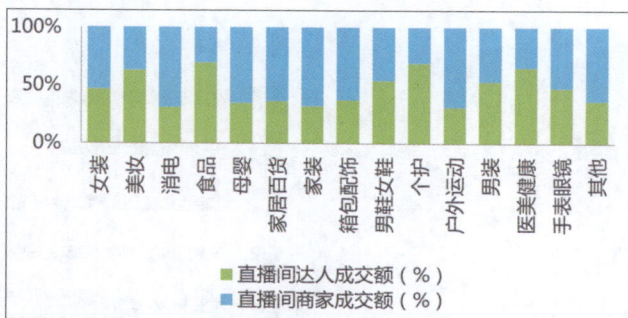

图7-20　淘宝直播年度各行业成交额占比

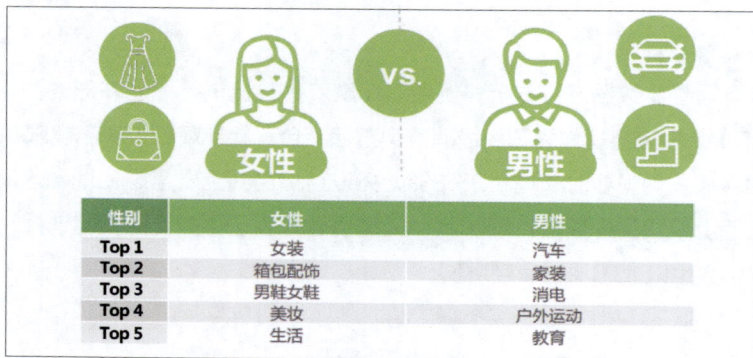

性别	女性	男性
Top 1	女装	汽车
Top 2	箱包配饰	家装
Top 3	男鞋女鞋	消电
Top 4	美妆	户外运动
Top 5	生活	教育

图7-21　淘宝直播直播间消费男女偏好

此外，经过分析，发现点淘成为新兴流量场，越来越多的主播和商家看到点淘"短视频种草"到"直播间转化"的链路带来品效合一的效果。

点淘PV年增长超240%，达人、MCN机构加速入驻。点淘数据看板如图7-22所示。

图7-22　点淘数据看板

步骤 4 分析趋势、提出策略

在分析了淘宝直播的具体数据之后，对平台消费的新趋势进行深入研究。2021年，数字虚拟、生活、个护、美妆行业在淘宝直播的成交额增长较快，淘宝直播的直播间品类成交额增长前10名如图7-23所示；面向住宅的设计服务、家居智能用品、整装定制等的成交额增长较快；更强功能、智能化的家用消电产品与成套产品在直播间受欢迎；箱包配饰、美妆的成交额增长较快；户外类运动用品、运动服等的成交额增长较快。

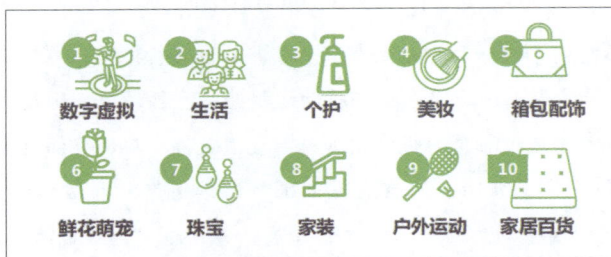

图7-23　淘宝直播的直播间品类成交额增长前10名

经过深入分析，可以知道许多商家都正从直播趋势中受益，其中腰部商家渗透率最高，淘宝直播的成交额提高最快，说明提升的普遍性和机会的普适性。头部、腰部和尾部商家直播增长趋势不同，各类商家直播增长趋势结构像橄榄型社会结构，是稳定发展的生态结构。此外，科技为直播间用户交互体验锦上添花，3D、5G、VR（虚拟现实）、AR（增强现实）、AI（人工智能）等带来的技术加持提升了消费者的观看体验，为品牌提供了更多创新营销想象力。淘宝直播间新技术看板如图7-24所示。

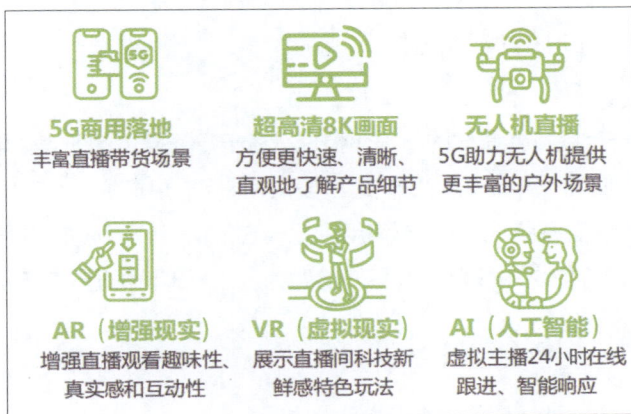

图7-24　淘宝直播间新技术看板

淘宝直播未来的新策略以及趋势展望如下。

➤ **直播新气象。**基于"专业有趣的人"，打造淘宝直播"发现电商"心智。平台将协同生态伙伴们一起进行内容创作，打造丰富多样、专业有趣的账号人设和直播内容，优化算法发现机制，实现商家、主播与消费者之间的双向发现的精准提效和不断更新。

➢ **规范新发展。**淘宝直播将继续通过互联网营销师国家职业技能考试、风险预检诊断工具创新、主播信用评价体系完善等举措，提升主播合规素养，助力主播健康发展，推动主播职业化、标准化、规范化发展。

➢ **新助农举措。**在"乡聚中国""爱心助农计划"外，淘宝直播也将从原产地、供应链等扶持更多"村播"，联动主播生态及平台，助力乡村振兴。

➢ **新生态扶持。**未来，淘宝直播将推动短视频与直播结合，通过点淘App"星火计划"等鼓励达人、商家通过拍摄短视频增加粉丝量，获得丰厚的直播流量回报。

➢ **新商家/达人主播扶持。**淘宝直播未来将继续通过"超级播计划"扶持商家自播，通过"新领航计划"助力新老达人主播发展，并通过"超级新咖"扶持站外达人主播在淘宝直播平台的成长。

➢ **面向新人群。**淘宝直播平台人群消费力强劲，年轻人群成为消费增长主力军；平台将进一步洞察年轻人群需求，为年轻人群提供更多好货品、好内容。

➢ **面向新品类。**淘宝直播会不断关注新行业、新品类，挖掘更多特色品类，打造适配的专业趣味人设，并配套推出更多面向多元品类的营销活动与玩法，助力品类成长。

➢ **实践新技术。**淘宝直播将进一步完善直播间黑科技应用，为用户带来更丰富、多元、生动的直播间体验。

↘ 任务四　行业分析报告制作

1. 任务概述

行业分析报告反映行业整体的新媒体情况。分析行业整体的新媒体情况，有助于掌握整体趋势，做到知己知彼。2023年我国电子竞技用户规模约为4.88亿人，在杭州亚运会电竞项目比赛的行业背景下，电竞用户规模在2024年得到进一步增长。根据国家统计局、艾瑞咨询等提供的数据，撰写一份题为"2023年中国电竞行业分析报告"的报告。

2. 任务目标

➢ 了解行业分析报告格式和撰写流程
➢ 掌握收集行业数据、分析行业分析报告、使用行业分析报告的技能

3. 任务实施

行业分析报告有特定的结构，但是这种结构并非一成不变的，因数据分析师、企业、客户、数据分析性质不同，报告可能会有不同的结构。一般来说，"总—分—总"和"分—总"结构较为常见。我们以"总—分—总"结构为例，一般分为开篇、正文、

结尾3个部分。较为详细的行业分析报告一般以Word文档形式撰写，简报一般以PPT形式撰写，最后均以PDF文件形式发布。

步骤 1 撰写开篇内容

　　行业分析报告开篇部分一般包含标题页、前言、目录页3个内容。标题页需要写明报告的题目，题目要精简干练，根据版面的要求控制在一两行。标题是一种语言艺术，好的标题不仅可以表现数据分析的主题，而且能够激发读者的阅读兴趣，因此需要重视标题的制作，以增强其表现力。本任务行业分析报告的题目是"2023年中国电竞行业分析报告"，标题页背景可以突出电竞的相关元素，行业分析报告标题页如图7-25所示。

图7-25　行业分析报告标题页

　　行业分析报告的前言一般包含行业背景、研究内容、研究意义等部分。行业背景主要阐述选题原因、发展背景及其他相关信息，如行业发展现状。研究内容主要阐述报告的主要研究对象，从而表明报告主题。研究意义主要阐述此项分析对当下行业发展的作用及意义。有些时候前言的写法比较自由，不拘一格。本任务的前言如下。

　　中央网络安全和信息化委员会办公室发布的《数字中国发展报告（2022年）》显示，2022年，我国数字经济规模达50.2万亿元，总量稳居世界第二，同比名义增长10.3%，占国内生产总值比重提升至41.5%。数字经济已成为我国经济高质量发展的新引擎。电竞集体育、竞技、科技、娱乐、社交、文化于一体，是数字经济中最典型和最具代表性的产业形态之一。随着杭州亚运会的举办，电竞产业又将迎来新一轮蓬勃发展，未来电竞及相关产业有望成为我国数字经济发展的重要抓手。

　　行业分析报告的目录页可以帮助读者快速找到所需内容，因此要在目录页中列出报告主要章节的名称。如果是在Word中展现，还要在章节名称后加上对应的页码，对于比较重要的二级目录，也可以将其列出来。但是目录也不要太过详细，因为这样读起来不够简洁。行业分析报告目录页包含5个部分，如图7-26所示。

图7-26　行业分析报告目录页

步骤 **2** 撰写正文内容

　　正文是行业分析报告的核心部分，它将系统全面地表达分析过程和结果。在正文部分，报告撰写者展开论题，对论点进行分析论证，表达见解和核心研究成果，因此正文需占较大篇幅。报告正文是报告的主体部分，包含所有数据分析的事实和观点，各个部分具有逻辑关系，可以结合数据图表和相关文字展开分析。本任务报告的正文包含我国电竞行业发展分析、现状分析、用户分析和案例分析4个核心分析内容。

　　我国电竞行业发展概况部分，主要陈述行业发展的历程，我国电竞行业发展背景（政策、文化、经济、投资），我国电竞市场规模（宏观、微观）、我国电竞用户规模、我国电竞产业链等内容，每一个内容可以设计1～3页的篇幅进行陈述和分析。例如，2022年我国移动网民规模达10.65亿人，网民使用手机上网的比例为99.8%，以上信息可以制作图表加以说明，2016—2022年我国移动网民规模及占整体网民比如图7-27所示。又如，可以查阅相关资料绘制一张结构图来说明2023年我国电竞产业链的情况，如图7-28所示。

图7-27　2016—2022年我国移动网民规模及占整体网民比

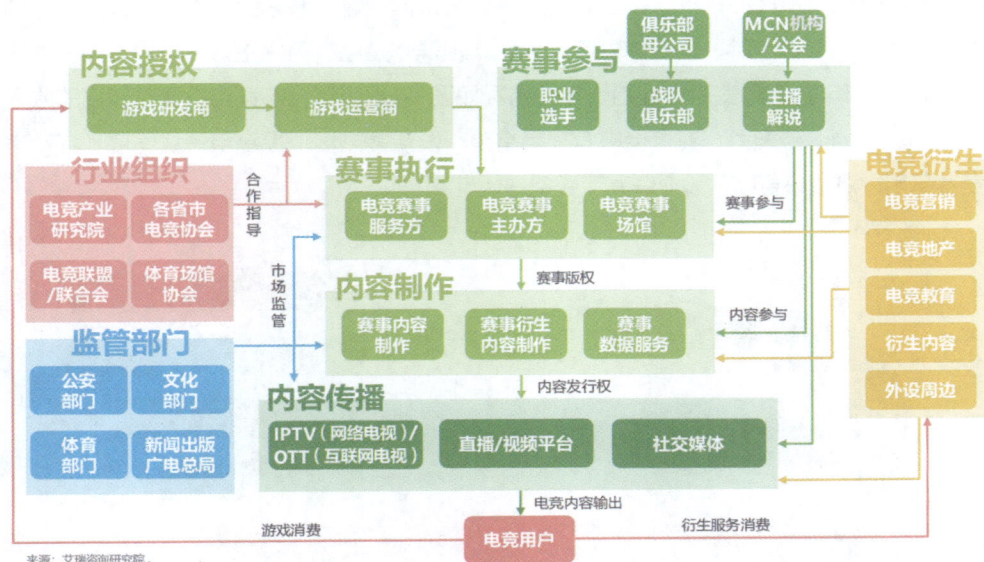

来源：艾瑞咨询研究院。

图7-28 2023年我国电竞产业链

行业现状及重点赛道分析中，首先从我国电竞游戏产品发展、我国电竞体育化发展、我国电竞行业组织发展、我国电竞内容传播发展4个方面进行行业现状分析；然后重点分析行业的重点赛道，即重点分析赛事运营、电竞俱乐部、电竞营销和"电竞+"，每一个领域都需要简明扼要、重点突出地介绍内容，以可视化图表表现重点内容。例如，在说明新兴技术在"电竞+"领域的应用时，可以使用图形化的方式，如图7-29所示。

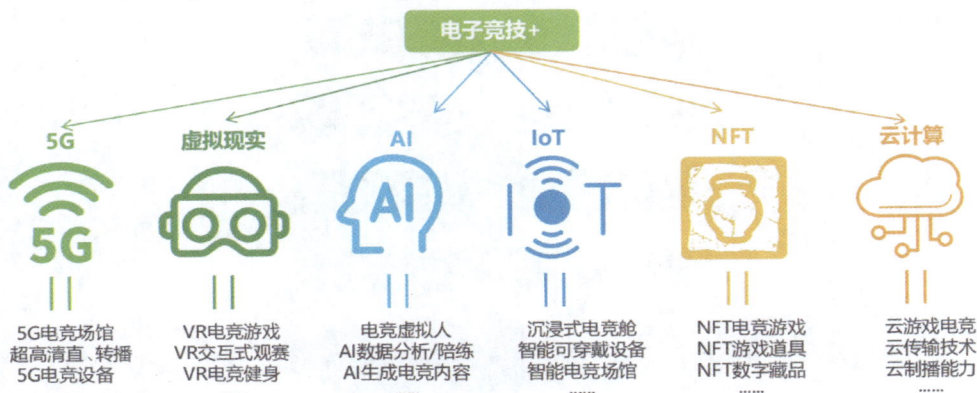

图7-29 新兴技术在"电竞+"领域的应用

注：①IoT为物联网；②NFT为非同质化通证

　　我国电竞用户属性分析，核心就是进行行业人群画像，通常会对现有的人群进行画像，提炼其性别、年龄、消费能力等属性。年轻群体是电竞用户主力军，男性用户占比更大，2023年我国电竞用户性别、年龄情况如图7-30所示；电竞用户具备较高的收入水平和较强的消费能力；亚运会电竞项目有望引发观赛热潮，提高用户认同度；移动电竞赛事用户渗透率更高；职业联赛深受用户认可。

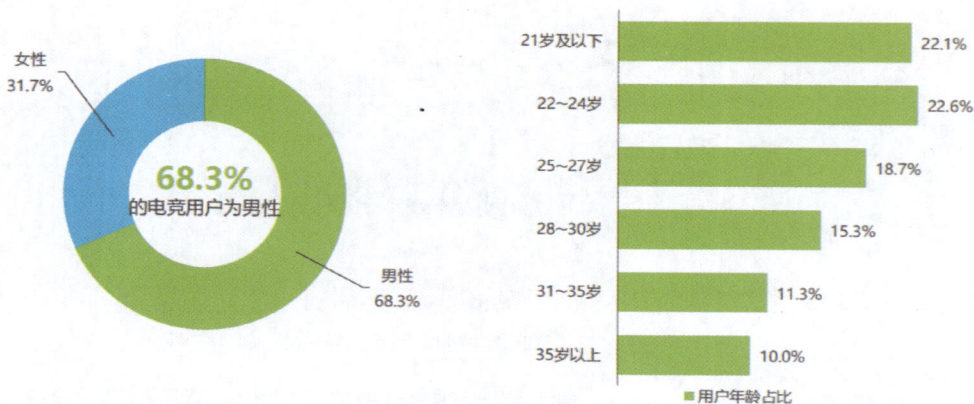

图7-30　2023年我国电竞用户性别、年龄情况

　　我国电竞企业案例分析，需要选取若干个典型的企业进行深入分析，要有一定的规模和代表性，也可以选择一些新赛道发展比较快的企业进行分析。例如，中国移动咪咕全面布局电竞产业，升级"5G+全体育"生态。咪咕电竞方向的多维度拓展如图7-31所示。

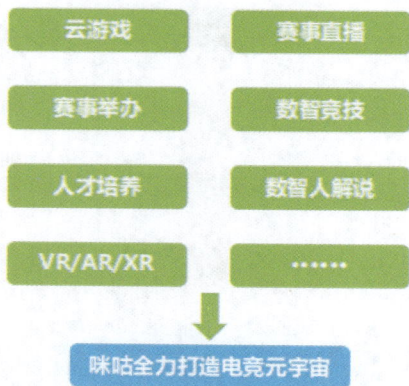

图7-31　咪咕电竞方向的多维度拓展

注：XR是扩展范围技术

步骤 ③ 撰写结尾内容

行业分析报告的结尾主要包括结论与建议，要求使用简洁明了的语言，尽量避免使用过多的专业术语。确保结论和建议对读者来说是易懂和易接受的。也可以通过图表或其他可视化形式呈现结论和建议，帮助读者更好地理解数据。此外，确保结论和建议与研究的目标和问题密切相关，避免提出不相关或泛泛而谈的建议。在可能的情况下，尽量使用具体的数据来支持建议，这有助于增加和提升建议的可信度和说服力。

本任务报告结尾部分需要提出"中国电竞行业发展趋势"，根据正文的多项分析，可以按照一定的逻辑关系提出3～4项发展趋势。例如，电竞被纳入多个国际及地区性综合体育运动会（见图7-32），电竞逐渐成为世界了解我国传统文化的重要窗口，电竞成为年轻人新时代的社交生活方式，等等。

图7-32 电竞被纳入多个国际及地区性综合体育运动会

项目小结

在本项目中，我们致力于分析新媒体平台和相关行业的数据，完成撰写相关数据分析报告的任务。项目从数据收集和处理开始，然后进行数据分析和可视化展示，最后生成报告并为客户提供相关建议。在任务实施过程中，需要我们了解数据分析报告的作用类别，掌握数据可视化的方法，掌握日常运营报告、专项研究报告、行业分析报告等不同报告的撰写方法。此外，需要注意的是，在数据分析和报告中涉及的具体指标和分析方法会因任务的要求和客户的需求而有所不同。因此，在每个任务中，都要根据实际情况进行定制化的数据分析和解读，以最大限度地满足客户的需求。

拓展实训

（1）一份数据分析报告的主要内容通常从标题就可以直接知晓。通过以下数据分析报告的标题，判断哪些属于日常运营报告，哪些属于专项研究报告，哪些属于行业分析报告。并且根据提供的报告文件，选择其中一个标题撰写一份简报。具体标题如下：

①《游戏玩家专项研究报告》；②《中国视听新媒体行业分析报告》；③《直播平台流量日报》；④《转化率专项调研报告》；⑤《微博粉丝周报》。

（2）在撰写跨部门沟通的报告时，需要注意将行业专业名词进行转换。表7-1所列的词汇中，你认为该如何解释这些名词，才能被总经理、销售部经理等非专业人士听懂？

表7-1 行业专业名词及转换

行业专业名词	转换
例：微信公众号文章阅读量	微信公众号文章被看的总次数
例：微信公众号指数	微信公众号的运营好坏程度
视频转发量	
抖音视频号新增粉丝数	
直播转化率	
游戏玩家属性	
游戏推荐量	

（3）如果你是一家电商直播企业的新媒体数据分析师，在最近一个月的日常运营数据中发现"某类商品的直播场次增加了30%但销售额没有明显增加"，根据相关数据，针对直播推广问题和销售效果问题，结合以上情况撰写一份专项研究报告，提出相应的建议。